La liberté
la liberté
la liberté

Georges
Adéagbo

Con la colaboración de / With the collaboration of

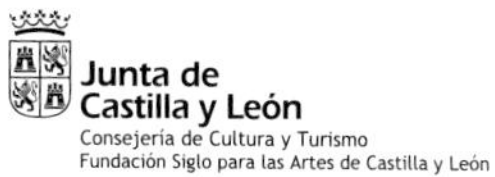

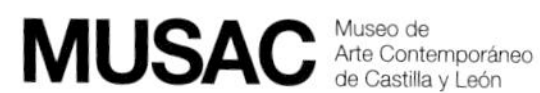

Georges Adéagbo

La misión y los misioneros
The Mission and the Missionaries

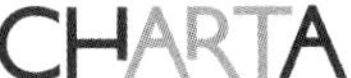
CHARTA

ÍNDICE / CONTENTS

GEORGES ADÉAGBO
UNA MISIÓN SUBVERSIVA

La noción con respecto a la Historia y a los artefactos que de ella se desprenden, sus valores simbólicos, sociales, religiosos, esotéricos, etc., se ha ido transformando —del mismo modo que la propia Historia— en otra construcción que era parte de la contemporaneidad del devenir en cada momento. Las construcciones culturales, al igual que nuestro pensamiento, están profundamente enraizadas en toda una serie de recepciones que a través de los años el ser humano va experimentando y reuniendo, puesto que la vida no es otra cosa que la obtención de todo ese conocimiento a través de la experiencia.

Gracias a ese aprendizaje, nos damos cuenta que los valores que otorgamos a los hechos y a las cosas se modifican dependiendo de si tenemos una percepción cercana o no, a una recepción cultural de ese pensamiento. El eurocentrismo impuesto por la sociedad ilustrada hasta finales del siglo XX ha resultado ser totalmente perjudicial para el conocimiento de otros contextos culturales, corrientes estéticas y de pensamiento fuera de estas fronteras, que han aportado, sin embargo, interesantes propuestas tristemente marginalizadas durante años. Afortunadamente, en los últimos años los estudios postcoloniales nos han dotado de una herramienta ejemplar para reivindicar otra manera de ver, otra forma de acercarnos a universos próximos pero invisibles, a veces olvidados y muy pocas veces defendidos como cabría esperar. Pensadores como Fanon, Bhabha, Spivak y otros tantos, nos han acercado a estas realidades anteriormente excluidas, y gracias a sus reflexiones nos hemos familiarizado con conceptos como los del "subalterno" que Spivak entiende como aquel sujeto que si bien físicamente puede hablar, no goza de la posibilidad de expresarse ni de ser escuchado, en contraposición al "intelectual del primer mundo" que cumple las funciones de intérprete-mediador de aquél. Esta clase de estudios observó una relación novedosa entre las diferentes mutaciones y acercamientos que se estaban dando, desde la criollización al estudio de lo híbrido.

El maridaje de estas nuevas teorías ha aportado un claro entramado de posicionamientos y reivindicaciones a la hora de "dar un giro al mapa". Del mismo modo que lo hiciera Torres García con su mapa de América Latina, para así subvertir de manera inteligente el terrible ostracismo en el que estaban cayendo gran parte de las propuestas de países artísticamente relegados a un segundo plano. En este sentido artistas, del mismo modo que pensadores, filósofos, críticos o curadores a través de su práctica, han sabido desviar las teorías imperantes en aras de una nueva reordenación de la práctica artística, acercándonos a otras maneras de ver, a otro tipo de valores estéticos que aunque cercanos se han vistos perjudicados por la distancia crítica: otra manera de poder referirse a la realidad que les concierne.

Dentro de esta pequeña genealogía de ideas se insertan las concepciones de Georges Adéagbo, que lejos de pretender ser un gran teórico, aunque conocedor de todas estas corrientes de pensamiento, él crea su propia teoría a partir de su obra. Una obra desplegada tanto en el tiempo como en el espacio a modo de relaciones encadenadas que intenta leer y entender el mundo de forma diferente al pensamiento único dominante. En este sentido, el carácter de su obra está intrínsecamente relacionado con su propia biografía, desde su Benín natal, sus posteriores estudios en Francia y la vuelta forzada a su tierra, momento en el que comienza a materializar sus reflexiones en instalaciones en el patio de su casa que él denomina "constelaciones", donde ubica objetos de la vida cotidiana, artefactos culturales y sus propios textos manuscritos.

El descubrimiento del artista por parte de un curador europeo desencadena una evolución en su producción pasando a incluir objetos encontrados propios del país donde muestra su obra. Estas "constelaciones" de una manera u otra, representan las capas de la Historia y del conocimiento ya que relaciona las parcelas sociales, políticas, económicas, religiosas, artísticas, y hasta simbólicas con lo que son, han sido o serán esos mutantes artefactos de significados.

Si bien es cierto que alguien en algún momento ha sucumbido al impacto de las instalaciones de Georges Adéagbo, interpretándolas bajo el paraguas de la globalización, bajo mi punto de vista sus creaciones no son solo el quehacer subjetivo de un gran artista conceptual —más extremo que muchos otros, llegando a un purismo cercano al conceptualismo del objeto duchampiano— sino que sus instalaciones tienen en lo local, en el contexto, su espacio y su razón de ser. Lo más destacable de su obra son pues, los juegos de relaciones a los que somete a las historias de los artefactos que la conforman. Porque aunque todo en Adéagbo parezca vano, dejado, lanzado sin jerarquía —una cualidad que ya nos indica desde dónde o cómo el propio artista habla—, también es cierto que las relaciones entre los objetos presentados y el espacio que los alberga no son banales, ya se exhiban en un palacio veneciano, en un museo, en una galería o en medio de un plaza pública.

Lo que más me ha interesado del proyecto que Adéagbo ha realizado para el MUSAC es, sin lugar a dudas, la gran instalación que lleva por título *La misión y los misioneros*, que además de haber sido producida *ex profeso* para el museo, ha pasado a integrar su colección. Dicha instalación cuenta la historia de un encuentro, el de la ciudad de Cotonú y el de la ciudad de León, escenificado éste a través de una amalgama de objetos que incluyen esculturas tradicionales de Benín, prensa europea, libros, discos y objetos decorativos comprados en mercadillos de León, que se dan la mano con reinterpretaciones de hitos locales como son los frescos de San Isidoro, reproducidos por artistas benineses, fotografías que documentan las estancias de investigación de Adéagbo en la ciudad y manuscritos del propio artista. El autor trata así de dar la vuelta a la tortilla, girar el mapa a lo Torres García, situando al comisario de la muestra y a mí mismo, como aquellos que le encomendamos una misión, donde la misión no es religiosa (aunque la instalación está llena de referencias religiosas representativas de la cultura local, así como de material adquirido en el Museo de los Misioneros Combonianos de Madrid). A partir de ahí y haciendo una especie de paralelismo con lo que eran las antiguas misiones europeas en África, Adéagbo subvierte estos "viajes" para inducirnos en su misión, a modo de metalenguaje, ya que su misión es la propia exposición a través de la cual intenta cambiar nuestra relación con todo lo que nos rodea, rompiendo nuestros esquemas sobre aquello que nos es familiar, ya sea León, nuestro propio pasado, presente e incluso futuro.

Esta extraordinaria instalación quedará a modo de cápsula del tiempo para siempre como legado en el propio MUSAC.

Agustín Pérez Rubio
Director del MUSAC

GEORGES ADÉAGBO
A SUBVERSIVE MISSION

The notion of history and the artifacts that derive from it, their symbolic, social, religious, and esoteric values, has gradually been transformed—like history itself—into another construction pertaining to the contemporaneity of the developments of each period. Cultural constructions, like our thoughts, are deeply rooted in a whole series of receptions that human beings experience and gather over the years, since life is precisely the acquisition of knowledge through experience.

Understanding this, we realize that the values we confer on events and things are modified depending on whether or not we have a similar perception of the given cultural reception of that thinking. The Eurocentrism imposed by enlightened society until the late twentieth century has been utterly detrimental to our knowledge of other cultural contexts, aesthetic trends, and thought beyond our borders, which have afforded, nevertheless, interesting proposals that were sadly marginalized for years. Fortunately, in recent years postcolonial studies have provided us with an exemplary tool for advocating another way of seeing, another way of approaching close yet invisible universes, which are sometimes overlooked and very rarely defended as one might expect. Scholars such as Frantz Fanon, Homi K. Bhabha, Gayatri Spivak and so many others have introduced us to these previously excluded realities. Thanks to their reflections, we have become familiar with concepts such as the "subaltern," which Spivak conceives as a subject who is physically able to speak yet does not have the opportunity to express him or herself, as opposed to the "first world intellectual" who acts as interpreter-mediator of the former. This class of studies has led to the observation of a novel relationship between the different mutations and approaches that have taken place, from creolization to the study of the hybrid.

The marriage of these new theories has contributed a clear framework of stances and claims regarding "turning the map upside-down"—just as Joaquín Torres García did with his map of Latin America—that thus intelligently subvert the terrible ostracism into which were falling a significant number of proposals from countries artistically relegated to the background. Along these lines, artists, as well as scholars, philosophers, critics, and curators, through their practices, have succeeded in diverting the prevailing theories to further a new ordering of artistic practice. These practices introduce us to other ways of seeing and other types of aesthetic values that, though analogous, have been adversely affected by critical distance: they provide another means of referring to their reality.

Georges Abéagbo's conceptions fall within this small genealogy of ideas. Far from aiming to be a great theorist—though aware of all these currents of thought—he creates his own theory through his work, which unfolds both in time and in space as linked relations that foster efforts to read and understand the world in a way unlike dominant modes of thinking. Therefore, the nature of his work is intrinsically related to his own biography, starting with his native Benin, his subsequent studies in France and the forced return to his homeland, at which time he began to materialize his reflections through installations in the courtyard of his house—which he calls "constellations"—and in which he placed objects from everyday life, cultural artifacts, and his own handwritten texts.

The artist's discovery by a European curator unleashed an evolution in his production, which began to include found objects characteristic of the countries where he showed his work. In one way or another these "constellations" represent layers of history and knowledge because they relate the social, political, economic, religious, artistic, and even symbolic aspects that are, were, or will be invested in these mutant artifacts of meaning.

While in truth some people have been known to succumb to the impact of Georges Adéagbo's installations, interpreting them under the umbrella of globalization, in my mind his creations are not merely the subjective activity of a great conceptual artist, more extreme than many others, whose works achieve a purity akin to the conceptualism of the Duchampian object. Rather, the placement and rationale of his installations is grounded in the local element, in the context. The most outstanding aspect of his work is the play of relations to which he subjects the stories of the artifacts that shape it. Although everything in Adéagbo's work may seem pointless, careless, put forth without hierarchy—a quality that speaks to us from the place and in the way the artist himself speaks—it is also true that the relations between the objects presented and the spaces that house them are not banal, whether they are shown in a Venetian palace, a museum, a gallery, or in the middle of a public square.

What interests me most about the project Adéagbo has produced for MUSAC is without a doubt the grand installation titled *The Mission and the Missionaries*. In addition to being a site-specific piece produced for the museum, this work has become part of its collection. The installation tells the story of an encounter between the city of Cotonou and the city of León, depicted through an amalgam of objects that include traditional sculptures from Benin, European press, books, discs and decorative objects purchased in street markets in León, which go hand in hand with reinterpretations of local landmarks such as the San Isidoro frescoes, reproduced by Beninese artists, photographs that document Adéagobo's research quarters in the city, and the artist's own manuscripts. The artist thus aims to turn the tables, like the inverted map of Torres García, by situating the curator of the show and me as those trusted with a mission, wherein the mission is not religious (even though the installation is full of religious references representative of local culture, as well as material acquired from the museum located at the headquarters of the Combonian missionaries in Madrid). From there, and drawing a sort of parallelism with the former European missions in Africa, Adéagbo subverts these "journeys" to lead us on his mission, as meta-language, since his mission is the exhibition itself through which he tries to change our relationship with everything around us, shattering our preconceptions about what is unfamiliar to us, whether it be León, our own past, present, or even future.

This extraordinary installation will forever remain at MUSAC as a legacy in the form of a time capsule.

Agustín Pérez Rubio
Director, MUSAC

A modo de introducción

Georges Adéagbo. En la contingencia del sentido

Octavio Zaya

1

La primera experiencia que uno tiene con la obra de Adéagbo suele ser inesperada y memorable, sobre todo si sucede en un contexto no institucional, como en la calle. Pero estos días raramente uno encuentra esa clase de oportunidades. Adéagbo es hoy un artista reconocido internacionalmente, y sus proyectos y ensamblajes suelen exhibirse principalmente en importantes museos y en bienales —desde el PS1 MoMA de Nueva York hasta la Bienal de Venecia y la documenta de Kassel— . Con todo, su metodología, su iconografía y su forma mantienen y continúan el principio de acumulación y despliegue de objetos y textos en un lugar específico que viene informando su obra desde los últimos cuarenta años, y a partir del cual el artista proyecta las relaciones de África con el mundo y su papel central en éste, constantes que Adéagbo revisa y replantea en todos y cada uno de sus proyectos.

En el contexto de lo que consideramos generalmente como arte contemporáneo de África, la obra de Adéagbo no se ajusta exclusivamente a lo que se entiende como tendencia inspirada en la tradición, ni a la tendencia modernista, ni al arte popular. No obstante, sus obras asumen y operan simultáneamente entre todas estas categorizaciones a la vez que transgreden definiciones estables. Si por un lado la obra se relaciona con el tejido cultural local y reproduce una visión del mundo circunscrita a lo local, por otro se despliega y se desenvuelve entre las complejidades de los discursos "universales" y "globales" que trascienden el estrecho marco Euro-Americano para extenderse en la tupida red de relaciones históricas y contemporáneas de África.

Adéagbo resuelve esa dialéctica de fuerzas a la manera en la que las culturas de África se han ido adaptando y recreando históricamente en la diáspora; desarrollando un carácter híbrido y sincrético de culturas que continuamente confunden cualquier entendimiento simplista de las relaciones entre la identidad racial y la no-identidad racial; un proceso transnacional de contaminación, cruce y fusión, reconstrucción y reorganización, de rupturas e interrupciones, que desestabiliza un entendimiento fijo y estable de la experiencia y de la obra.

El lugar, no obstante, es para Adéagbo la razón y el origen de su obra, de donde ésta emerge, pero que necesariamente no la definen, la limitan o la confinan. Ese lugar es Cotonú, en Benín, donde nació y adonde regresó, tras el fallecimiento de su padre en 1971, mientras cursaba estudios de Derecho y Empresariales en Francia —en 1973, comenzó a elaborar "instalaciones" en el patio de su

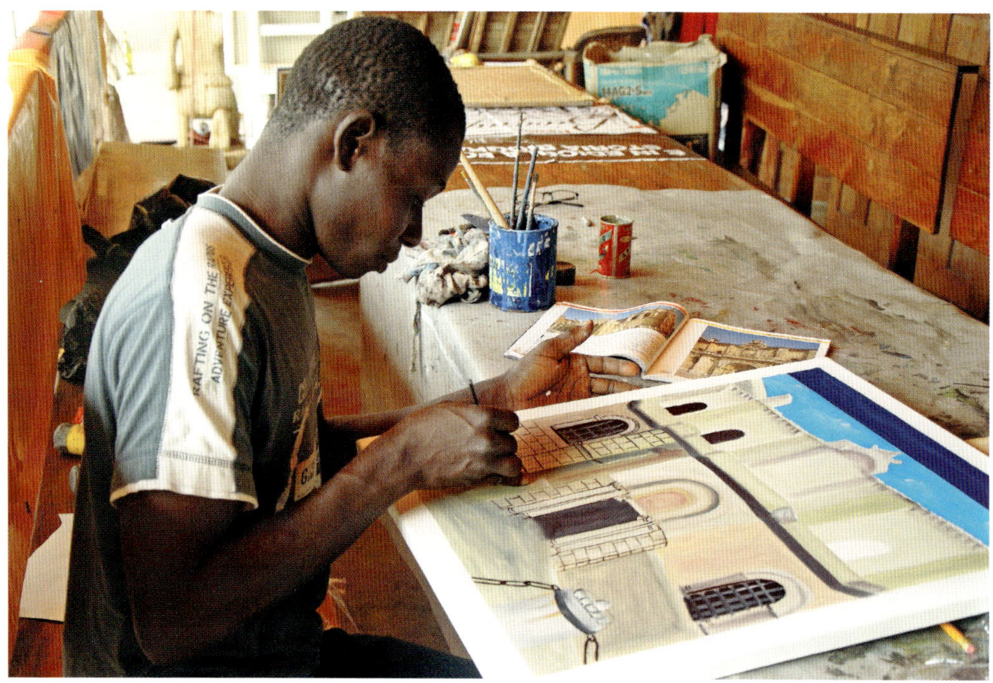

Producción de uno de los cuadros de la instalación *La misión y los misioneros* (representando la Real Colegiata de San Isidoro de León) en el taller de Adéagbo en Cotonú, 2010 / One of the paintings for the installation *The Mission and the Missionaries* (depicting the Real Colegiata in San Isidoro in León) in production at Adéagbo's studio in Cotonou, 2010

casa— . Adéagbo entendía entonces que esa libertad sin limitación y confinamiento presuponía un espacio abierto que es "el lugar histórico, el allí *en* el que, *fuera* del que, y *por* el que sucede la historia"[1] desde la historicidad de la situación africana. Ese espacio abierto, por lo tanto, se propone reclamar la historia africana y redescubrir lo que ha sido cubierto por la modernidad europea y la homogenizada historicidad occidental. Pero su propósito *no* es "regresar a un *arche* africano 'verdadero', 'incontaminado', 'original' —como si esto fuera posible o incluso deseable— sino hacer posible la historicidad de la existencia africana autónoma, y de auténtico rango propio, en el contexto del mundo moderno"[2]. Se trata de entender la especificidad y la particularidad distintiva de las situaciones africanas en el contexto mundial, de la conciencia concreta de la situación africana que Adéagbo cultiva y preserva constantemente contra la seductora retórica "universalista".

En ese lugar específico, durante los últimos cuarenta años, Adéagbo ha venido recopilando un archivo de artefactos y textos. Una red de miles de objetos, huellas de eventos, escritos y pensamientos personales, componen una trayectoria que se debate entre el azar y el destino; la autodeterminación y la predeterminación; la

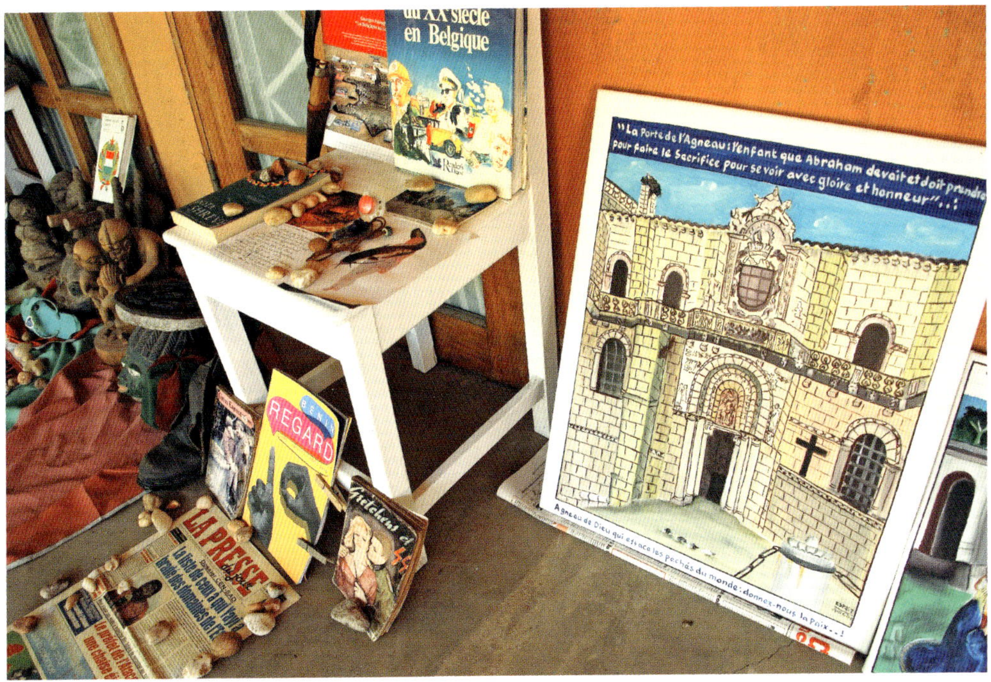

elección y el decreto ineluctable de la historia personal. Los orígenes de esa colección, de ese archivo, precisamente insisten en ese carácter dialéctico y complementario. Okwui Enwezor se refiere a ello cuando nos revela que "[Adéagbo], sin interrupción, ha mantenido un ritual diario que lo lleva a zambullirse en las calles de Cotonú en busca de objetos desechados, a partir de los que crea obras artísticas de brillantez melancólica, poesía, magia y belleza trágica"[3]. Stephan Köhler comparte, además, que "durante sus paseos en Benín, o en el lugar donde expone, hay objetos —perdidos o desechados por otros— que llaman la atención de Adéagbo; signos que le dicen algo y que el simplemente 'recoge y se lleva consigo'. De esta manera, las calles de una ciudad se convierten en el tablero de un oráculo geomántico que deja huellas, signos, pistas para Adéagbo"[4].

El método de trabajo de Adéagbo se basa siempre en la selección y combinación de objetos, fuentes de información y referentes, que pueden incluir escultura, pintura, sus propias notas manuscritas, textos, libros, revistas, obras y textiles que se encuentra, colecciona o encarga, en Cotonú y en los lugares donde presenta sus exposiciones[5]. Una vez decidido el tema de la exposición, Adéagbo

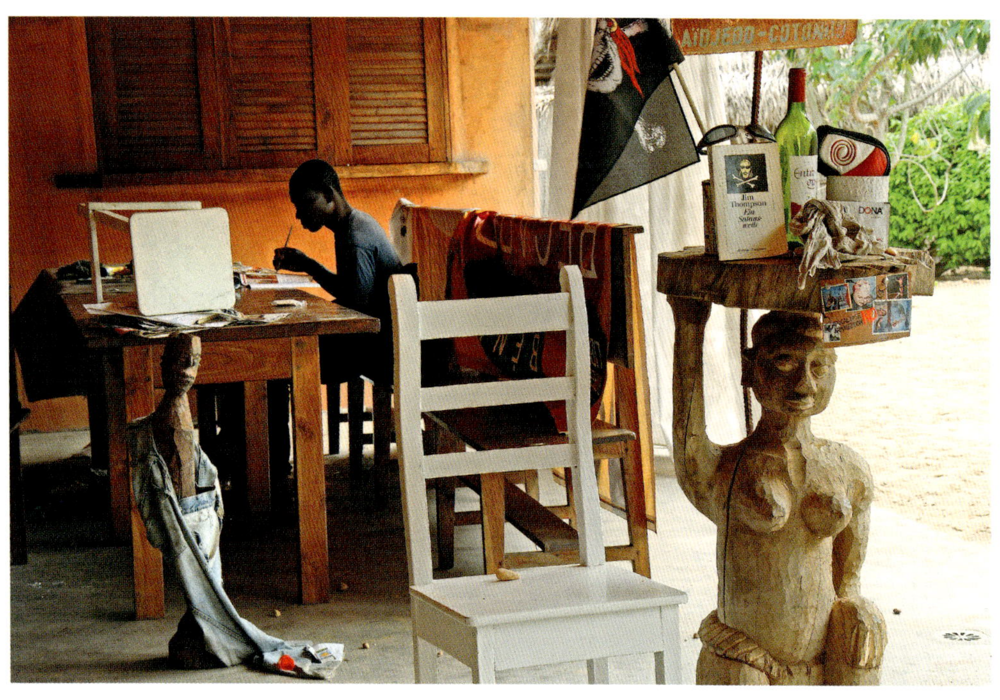
Jim Thompson

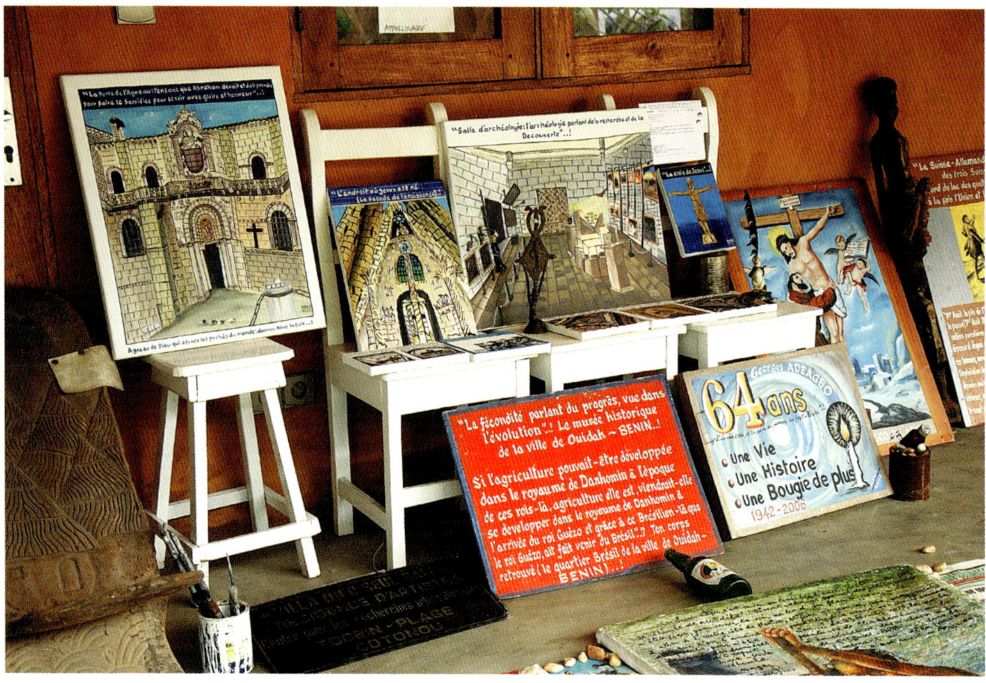
"La fécondité parlant du progrès, vue dans l'évolution"..! Le musée historique de la ville de Ouidah ~ BENIN..!
Si l'agriculture pouvait-être développée dans le royaume de Danhomin à l'époque de ces rois-là, agriculture elle est, viendrait-elle se developper dans le royaume de Danhomin à l'arrivée du roi Guézo et grâce à ce Brésilien-là que le roi Guézo, ait fait venir du Brésil"..? Ton corps retrouvé (le quartier Brésil de la ville de Ouidah-BENIN)..!
Georges ADEAGBO
64 ans
Une Vie
Une Histoire
Une Bougie de plus
1942-2006

pp. 18, 20–21:
Instalación de piezas para la exposición del MUSAC en el taller de Cotonú, 2010 /
Elements of the MUSAC exhibition installed at the studio in Cotonou, 2010

se pasa meses investigando en su archivo, trazando lo que Stephan Köhler ha denominado "un mapa vectorial de la constelación de fuerzas que condujeron a las condiciones actuales de una situación", un instrumento de navegación con el que verificar que se encuentra sobre el camino que le ha sido trazado. Antes de inaugurar una exposición en una localidad concreta, necesita pasar allí el tiempo suficiente para poder contrastar su investigación con la experiencia directa de las condiciones y circunstancias del lugar. Sobre esta base, complementa los textos y objetos traídos de Benín con piezas obtenidas en ese entorno concreto.

Paseo, reflexiono, observo, paso, vuelvo, recojo los objetos que me llaman la atención, vuelvo a casa, leo cosas, tomo apuntes, y aprendo.

Esa metodología se corresponde, pues, con la forma y despliegue que Adéagbo desarrolla a partir de la propia historia de su entorno y experiencia. Por un lado, los altares vodun[6], que se manifiestan en el contexto de un sistema de creencias que perpetuamente se inventa, se reinventa y se modifica a sí mismo. Por otro, los mercados que, como entiende Okwui Enwezor, son "pura contingencia, como espacio perpetuo de acumulación y de consumo, disipación y colocación".

En relación a los primeros, como los altares de Ouidah y Cotonú en Benín, la encarnación estética de los despliegues y ensamblajes de Adéagbo refleja y responde a temas y estructuras tradicionales que a la vez celebran signos de cambio evidentes. En la negociación constante entre discursos que son viejos y nuevos, locales y distantes, las fronteras tradicionales entre lo "tradicional" y lo "contemporáneo" se disuelven, se fusionan y se trascienden en la obra de Adéagbo, en la misma medida que la propia naturaleza siempre cambiante y abarcadora de vodun permite esta trascendencia, como explica Dana Rush para referirse al arte vodun contemporáneo en Ouidah, Benín[7]. En ese despliegue, Adéagbo reúne esos objetos encontrados en sus paseos, por azar, con los que establece una relación especial. Como explica Stephan Köhler, "la significación que Adéagbo atribuye a los encuentros con ciertos objetos y personas es una parte constitutiva de su visión de que hay un 'destino', un plan general en el sentido de un escenario más alto de la vida que le persuade a tomar esta vuelta y no aquella y así encontrarse la bufanda, los guantes, el chupete de la gente de un lugar particular que por la misma razón perdieron esos objetos o los olvidaron en ciertas intersecciones".

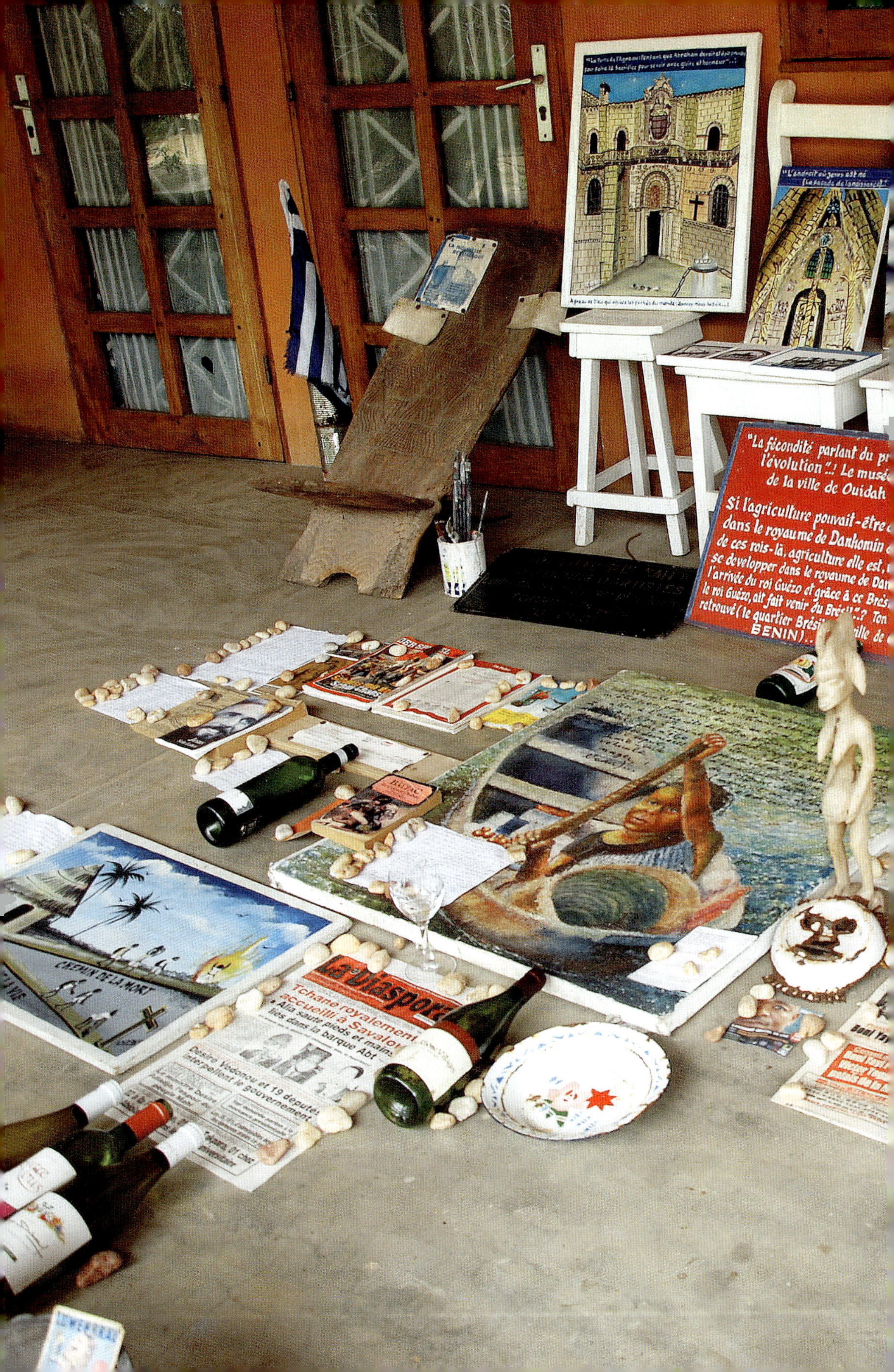
"La fécondité parlant du
l'évolution"..! Le
de la ville de Ouidah
Si l'agriculture pouvait-être
dans le royaume de Danhomin
de ces rois-là, agriculture elle est,
se developper dans le royaume de
l'arrivée du roi Guézo et grâce à ce
le roi Guézo, ait fait venir du
retrouvé (le quartier
BENIN)..
CHEMIN DE LA MORT
Tchane royalement
accueilli à
• Alla saute pieds et
liés dans la barque Abt
Desire Vedonou et 19 deputes
interpellent le gouvernement

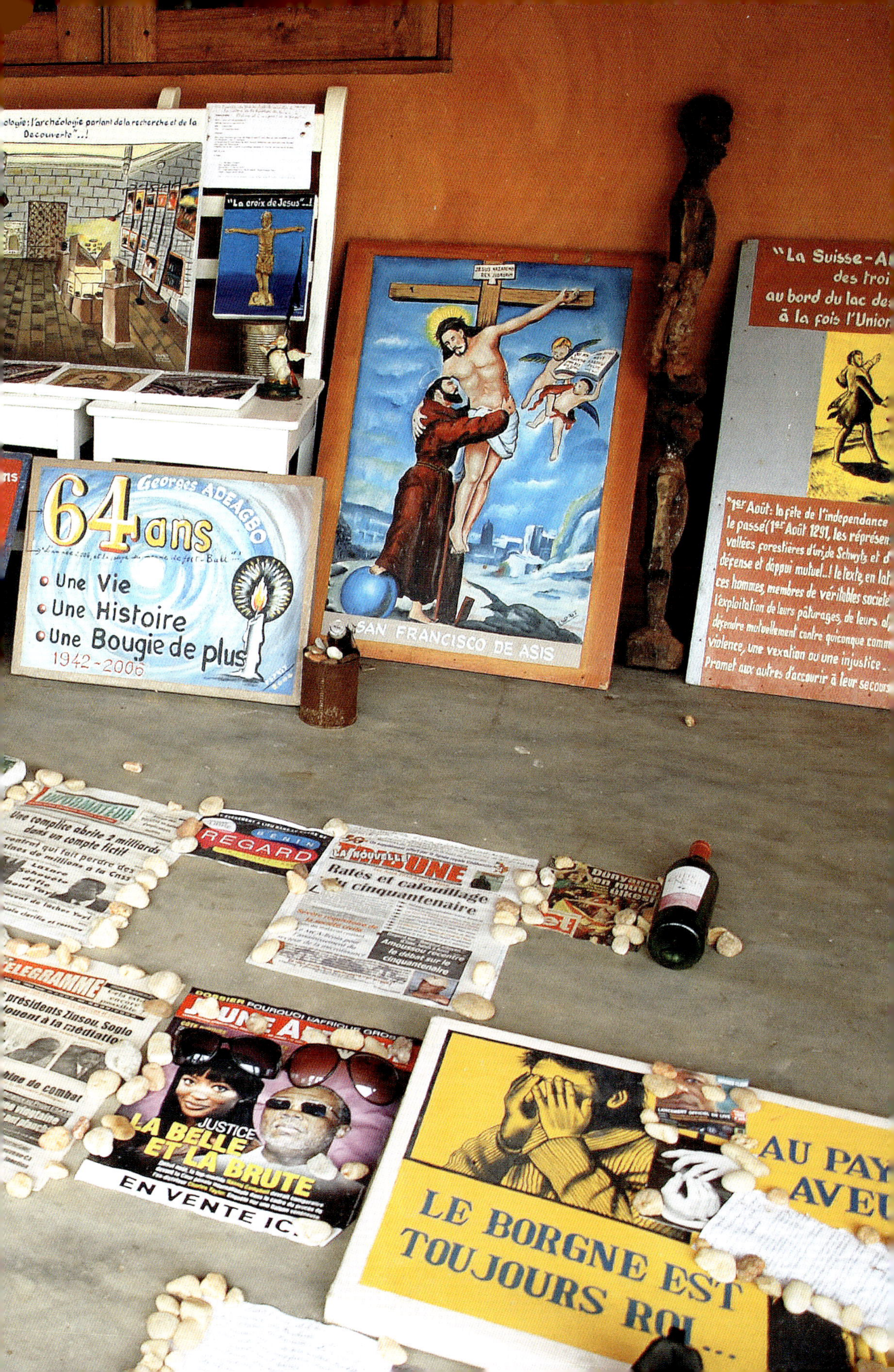
"La croix de Jesus"..!
64 ans
Georges ADEAGBO
Une Vie
Une Histoire
Une Bougie de plus
1942-2006
SAN FRANCISCO DE ASIS
REGARD
Ratés et cafouillage du cinquantenaire
TÉLÉGRAMME
JUSTICE
LA BELLE ET LA BRUTE
EN VENTE IC.
LE BORGNE EST
TOUJOURS ROI...

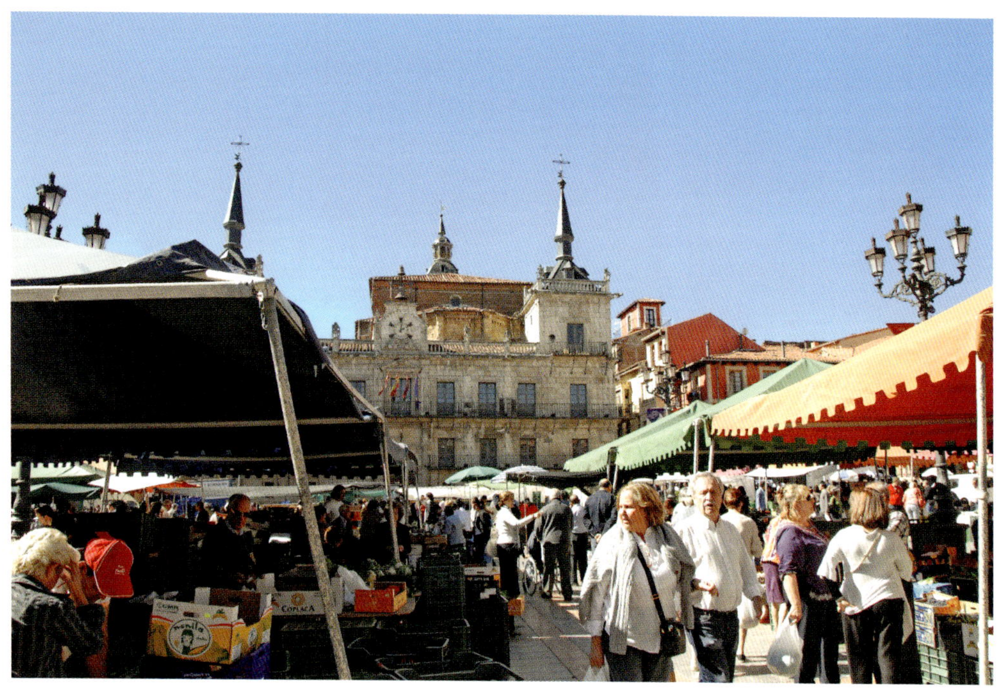

Mercado de la Plaza Mayor, León, 2010 / Plaza Mayor Market, León, 2010

Adéagbo también incluye fotocopias, escritos personales, revistas, libros y otra serie de objetos que encarga a un grupo de artesanos que vienen trabajando para él, y de acuerdo con sus instrucciones e indicaciones, durante años. De modo que el "trabajo real" que Adéagbo propiamente realiza es —como él mismo lo ha confesado a Köhler[8]— de "observación, composición y escritura". Para él, su "destreza no es importante" y por ello rehúsa ocuparse en ningún tipo de artesanía. Como en el caso de varias obras pictóricas, relieves y estatuas que fueron seleccionadas y "traducidas" en *La misión y los misioneros*, el impresionante ensamblaje que realizó para la exposición que organicé para el MUSAC de León, Adéagbo seleccionó las imágenes y los temas, que fueron modificados y adaptados por él antes de que los artesanos los ejecutaran bajo su dirección en su taller de Cotonú. Entre estos artesanos que han colaborado en sus proyectos e instalaciones se incluyen —como nos revela Köhler— Eli Adanhoumè, que firmaba con el alias "Esprit" y pintó para Adéagbo desde 1995 hasta su muerte en 2010, y a quien ahora le ha sucedido Benoît, su hermano menor. Y del mismo modo sucede con los relieves y las tallas de madera de los ensamblajes de Adéagbo, que primero fueron rea-

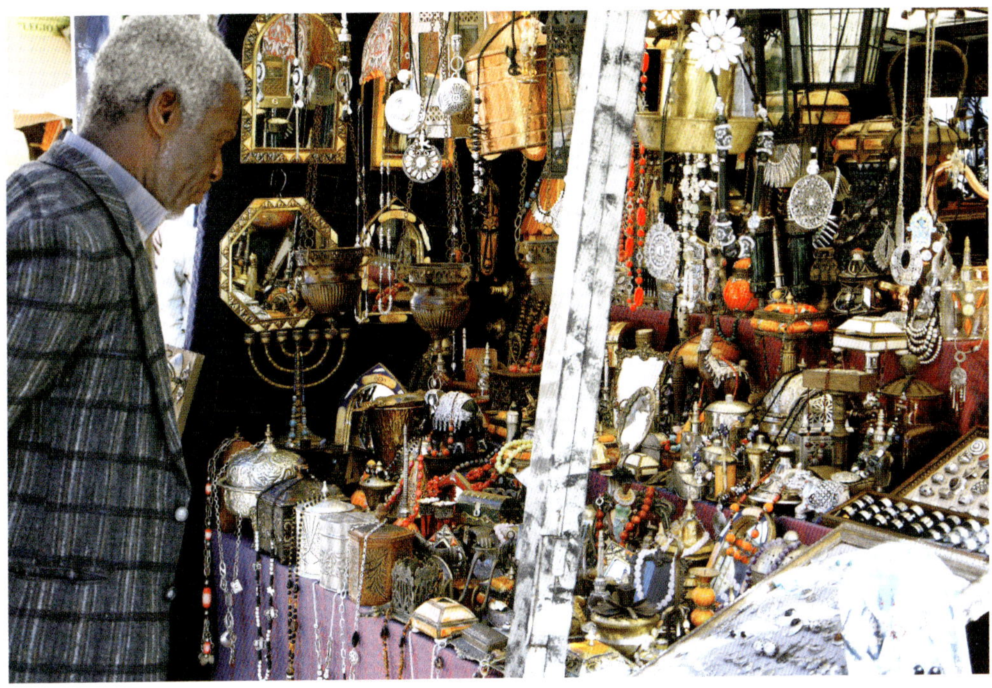

Georges Adéagbo en un puesto del mercado medieval, León, 2010 / Georges Adéagbo at a stall in the Medieval Market, León, 2010

lizados por Edouard Kinigbè, y más recientemente por el joven Hugues Hountondji.

La relación de los ensamblajes de Adéagbo con los mercados africanos y mercados populares en general es igualmente evidente, porque estos mercados populares constituyen el escenario donde la gente recombina y renueva las relaciones contingentes entre los cuerpos, los espacios y los signos. Los mercados son, sobre todo, el lugar para las negociaciones y los acuerdos donde diferentes organizaciones y servicios, espacios de libertad y autonomía, emergen y se desarrollan. Esta emergencia y desarrollo simultáneamente proponen una continua revisión y reordenamiento de muchos de los elementos esenciales de las identificaciones tradicionales y familiares. Y a partir de estas transformaciones, con frecuencia improvisadas, se producen nuevos tipos de relaciones e intercambios.

Para la exposición en el MUSAC, Adéagbo no solo visitó museos, instituciones e iglesias históricas españolas, algunas de ellas directamente dedicadas al pasado colonial de España y a la historia de sus misiones. No sólo se familiarizó con la literatura y la iconografía españolas y otras manifestaciones culturales, como fiestas populares y procesiones religiosas. Además del entramado de historias, estilos, producciones históricas, vocabularios estéticos y otras identificaciones culturales que todavía subsisten a los estragos de la globalización, Adéagbo se interesó particularmente y visitó repetidamente los mercados de pulgas de León, donde compró numerosos objetos, imágenes religiosas, trajes, libros, fotografías, revistas y otros artefactos que más tarde formaron parte de ese gran ensamblaje de *La misión y los misioneros*, donde todo se funde y se reinterpreta a partir de las relaciones con otros objetos y artefactos traídos de Cotonú, que unas veces traducen y replican la cultura española y otras veces, como productos y signos africanos, refractan en ella la fluidez, las opciones cambiantes y las asociaciones inesperadas que nos ofrece la economía informal de los mercadillos de pulgas. La mayoría de los ensamblajes de Adéagbo es una interfase entre dos entornos o contextos que se regula por una actividad constante en la forma de un intercambio entre las dos sustancias situadas en contacto entre ambas.

Los ensamblajes de Adéagbo sirven, en este sentido, como vehículos para la reconstrucción histórica, de la misma manera que los africanos que fueron forzados hacia América, y sus descendientes, mantuvieron y continúan observando los elementos esenciales de su religión y sus culturas a través de adaptaciones e improvisaciones sincréticas en el contexto local —a pesar de la interrupción y la destrucción que ocasionó el comercio de esclavos, la imposición del cristianismo y la cultura extraña. Esa continua referencia a la tradición y a la historia en un autor como Adéagbo, que trabaja y articula sus ideas desde el presente, procede y se relaciona con una tradición y una historia específicas, como ya hemos visto, pero sin adherirse pasivamente a lo que es dado por éstas. Por el contrario, en la obra de Adéagbo, la relación con la tradición y la historia es un encuentro sin límites precisos que se debate entre el azar y el destino, como sus encuentros con esos objetos perdidos o abandonados. "Cada asimilación de la tradición es históricamente diferente", nos recuerda Gadamer, "lo que no quiere decir que cada una represente solo un entendimiento imperfecto de ésta. Más bien, cada una es la experiencia de una 'visión' del objeto mismo"[9]. Para decirlo poéticamente con algunas de las palabras que Adéagbo utilizó en el ensamblaje que presentó en la Bienal de Venecia de 1999:

Rappelez-vous: Les astres influencent - mais ne déterminent pas- le libre arbitre permet a l'homme de forger son destin.

Tal vez por ello, antes de proceder a la experiencia propia de la instalación de *La misión y los misioneros*, Adéagbo consideró necesario introducir la exposición en el MUSAC con la serie de "Constelaciones" y la serie de "Cajas" que había presentado ya en Venecia y en Florencia durante 2007-2008, que hoy son propiedad de Fritelli Arte Contemporánea. Adéagbo me confesó que la presentación de esas constelaciones y cajas representaban para él como el encuentro del espectador con su obra, como una visita a su taller. Adéagbo consideraba que antes de "unirse" con su obra, y considerar la experiencia de *La misión y los misioneros*, el espectador o visitante necesitaba acercarse a la obra, "encontrarla". Las "Constelaciones" y las "Cajas", en efecto, nos despejan que la idea de su obra no descansa detrás de sus ensamblajes como una esencia que comunica, sino que es, para parafrasear a Eagleton, "la forma que el objeto es configurado conceptualmente en sus elementos diversos, extremos y contradictorios"[10]. En la obra de Adéagbo, la idea es una constelación, que salvaguarda lo particular pero agrieta la identidad, esparciendo el objeto en una suerte de elementos conflictivos, yuxtaposiciones significativas y afinidades de referencias históricas concretas, que resisten ser reducidos a un denominador común.

2

Durante los últimos 40 años, todos nos hemos familiarizado con la importancia y el impacto de la Diáspora, las migraciones, el transnacionalismo y la desterritorialización de la práctica artística en la era global. La obra de Adéagbo, que viaja entre culturas mientras enfatiza un lugar específico, se mueve perfecta y precisamente en la experiencia del movimiento, el desplazamiento y la cercanía, tanto en el período colonial como en las complejidades de la mundialización. Adéagbo no solo nos habla de la aproximación y de la necesidad de establecer puentes de comunicación e intercambio sino que plantea su obra desde la centralidad de África en todos y cada uno de los momentos históricos de la cultura, la economía y la política que propician aquella aproximación y posibilitan estos puentes.

Las aproximaciones, relaciones, y enlaces globales proveen un formato a partir del cual Adéagbo transmite diferentes historias en el contexto de todo el ensamblaje y permite al espectador conectarse con éstas en relación con su propia experiencia. A través de la ordenación de los artefactos, textos, etc. Adéagbo consigue destacar cómo la esclavitud, la colonización y la historias de las

Georges Adéagbo en una tienda, León, 2010 / Georges Adéagbo in a shop, León, 2010

migraciones han enlazado a los pueblos entre sí a través del mundo, a veces con lazos que conforman una historia común y otras con confrontaciones irresueltas y desacuerdos que han marcado y conforman las imposiciones, dependencias y enemistades históricas que hoy sirven como ejemplos para entender las contradicciones del mundo contemporáneo.

La obra de Adéagbo no aborda tanto la pluralidad (de objetos y textos) como los problemas, complejidades y negociaciones de la acumulación y el consumo, las traducciones y transformaciones, relaciones, proximidades y desplazamientos. Si bien Adéagbo es perfectamente consciente de la naturaleza específica de los objetos y elementos diversos que emplea en sus ensamblajes, éste efectúa una transformación general al colocarlos en nuevos contextos, estableciendo nuevos marcos de referencia y ofreciendo una narrativa diferente. Su "archivo" de objetos recuperados y seleccionados se encuentra en un estado de perpetua traducción y transformación. Como señala Homi Bhabha: "La puesta en escena intercultural e intertextual característica de toda la práctica de Adéagbo no sólo transforma el campo de referencia de cualquier elemento o gesto individual en el conjunto de su obra, sino que inicia un proceso continuado de 'traducción' que conecta, cultural y temporalmente, diversos signos y símbolos en un movimiento que, al igual que el propio proceso de traducción, se niega a someter una obra a una sola vida, a un solo lenguaje o a una sola interpretación"[11]. Las relaciones entre los objetos y demás elementos empleados por Adéagbo se basan en un planteamiento o idea en virtud de la cual la "diferencia" no tiene que ver tan sólo con lo que encaja en la percepción que tiene cada cual de lo que es autóctono o extranjero, de aquí o de fuera. La diferencia surge de la difuminación de las fronteras, de la proximidad entre objetos, en el punto en el que estos procesos espaciales y temporales se convierten en marcos de interpretación desde una óptica estética, política o ética.

Las instalaciones de Adéagbo suelen cubrir las paredes de la galería e invadir los suelos, implicando tanto la vertical como la horizontal en la experiencia del espectador: pantalla y escenario; visión y ubicación; arte y objeto. Pero estas instalaciones nunca parecen enfatizar ni horizontalidad ni verticalidad. Al contrario, suele haber un tema central que conecta todos los elementos del ensamblaje con la manera de diseñar la ejecución de la instalación, al tiempo que marca la tensión entre lo visual y lo verbal, entre imágenes y textos, yuxtaponiendo siempre objetos culturales y géneros estéticos de genealogías y procedencias diversas y diferenciadas.

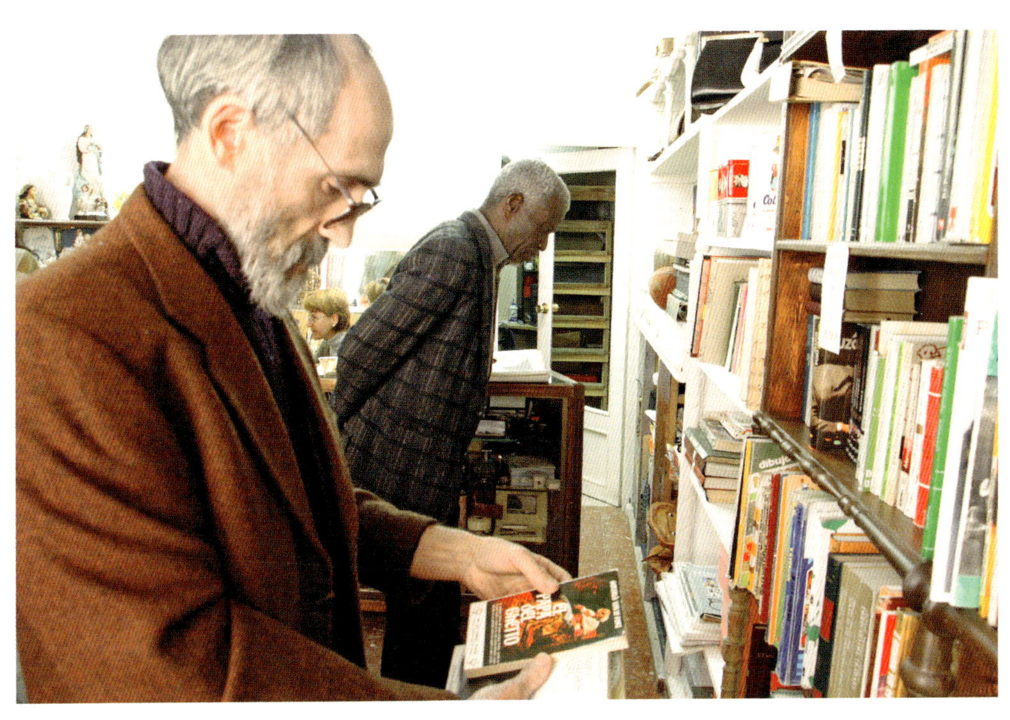

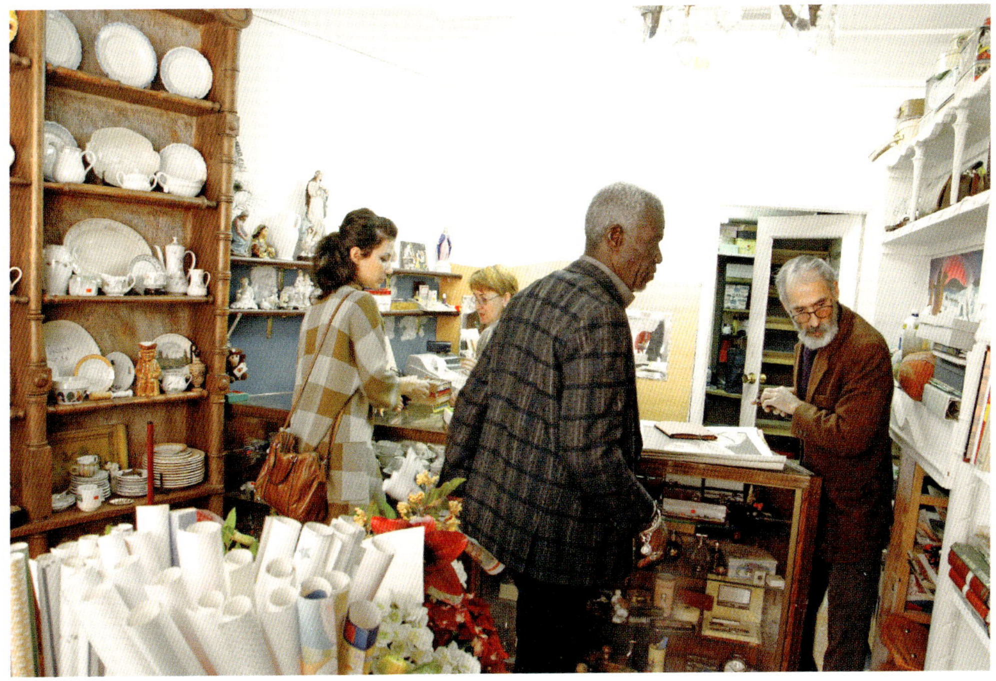

Georges Adéagbo en una librería, León, 2010 / Georges Adéagbo in a bookstore, León, 2010

Formando redes o constelaciones de significado contrapuestas entre sí, las paradojas, yuxtaposiciones y contradicciones habitualmente asociadas a las interpretaciones y lecturas de la obra de Adéagbo suelen derivar de un intento de comprender su práctica como la de un artista post-colonial o global que representa una modernidad "alternativa". Si bien todas estas cuestiones pueden resultar útiles en el marco y al servicio de un contexto expositivo, Adéagbo en cambio se ve a sí mismo en el papel comunitario del artista como "misionero". De ahí que el lenguaje de sus historias contingentes y enunciados enigmáticos sea el de las parábolas elaboradas cuidadosamente, los mitos del origen y de la formación.

El arte. Pero ¿qué es el arte? El arte es una forma de hablar. Es una forma de caminar. Es una forma de mostrarle las cosas a la gente de manera indirecta, *para no convertirse en su enemigo. Optas por otras formas para que el otro sepa lo que tienes que decirle para convertirte en su enemigo. Para que confíe en que avanzáis por el mismo camino.*

El arte, por lo general, es una forma de hablar, una forma de hacer, una forma de caminar, una forma de vivir entre la gente.[12]

La *manera indirecta* a la que se refiere Adéagbo es su manera de abordar el arte. Su búsqueda y exploración de otros lenguajes, de otros vocabularios artísticos, de otras tradiciones del relato y la narrativa, y las maneras en las que logra acercarlos sin necesidad de combinarlos en un lenguaje universal, constituyen la *manera indirecta* en la que su práctica artística redescubre, traduce y transforma lo que encuentra en busca de un significado, en busca de lo que hemos olvidado, de lo que hemos perdido. Así entiende Adéagbo la misión del arte. "Imagina nuevas etimologías de la experiencia, nuevas filologías del ser", afirma Bhabha. Mediante la creación de una tupida red simbólica de acontecimientos, Adéagbo ilustra la universalidad de las leyes de la naturaleza que rigen la vida en todas partes, al tiempo que revela la diversidad de condiciones existentes en un emplazamiento dado.

En esta exposición en MUSAC, como en la mayoría de los casos, las instalaciones creadas por Adéagbo constituyen, en palabras de Köhler, "un oráculo y un talismán que nos orientan y protegen en nuestro tránsito por la vida", una "orientación, análoga a un mapa y una brújula, un espacio mental en el que reflexionar acerca de dónde venimos, dónde nos encontramos y, no menos importante, si estamos en el camino adecuado para reconocer y

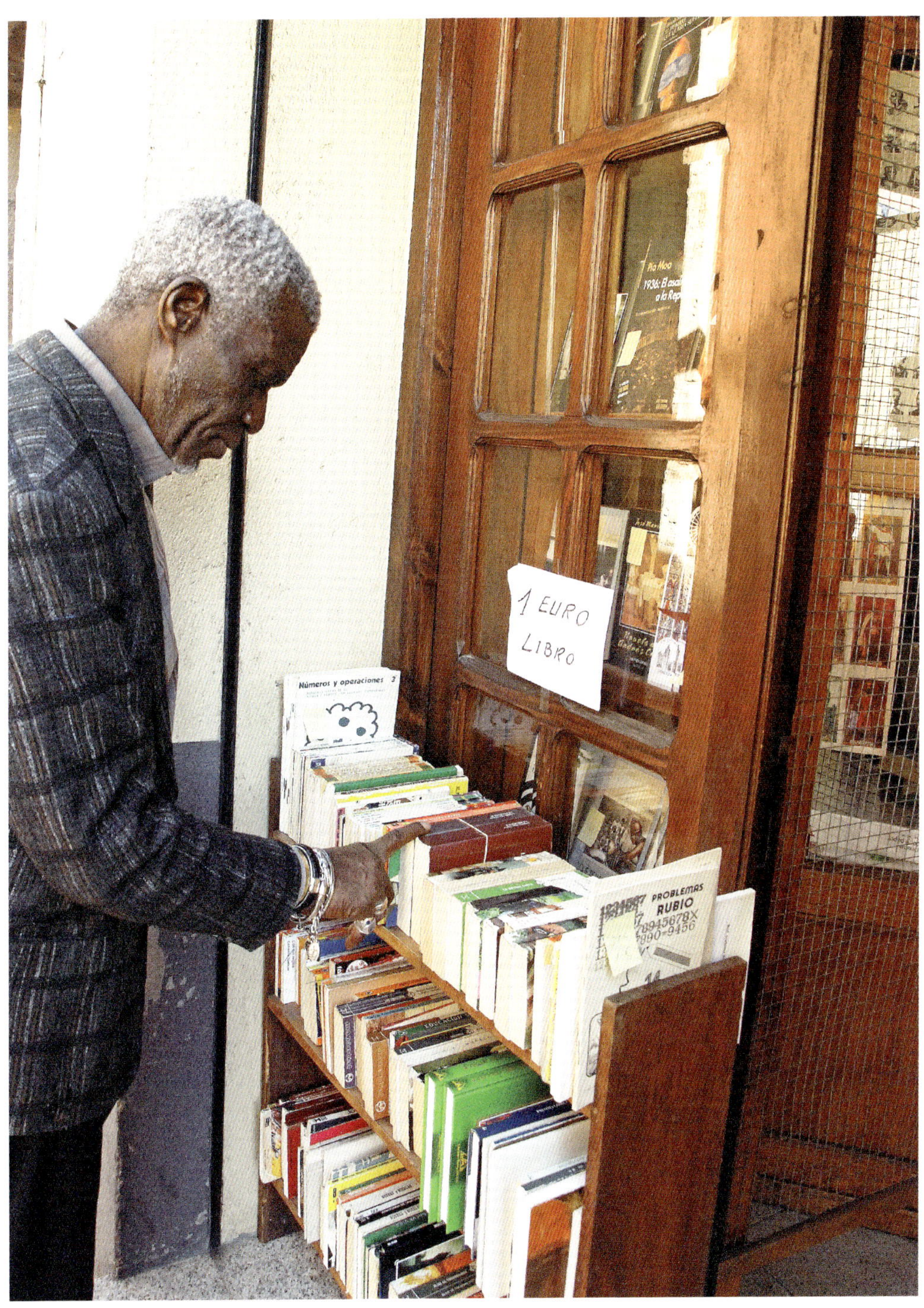
1 EURO
LIBRO
Números y operaciones 3
PROBLEMAS
RUBIO

cumplir nuestro cometido vital"[13]. No nos debemos olvidar, de igual manera, que en la obra de Adéagbo el entendimiento de lo histórico no es la reproducción de algo que ha pasado, sino el participar de un sentido presente.

1. Heidegger, Martin, *An Introduction to Metaphysics* (New Haven y Londres: Yale University Press, 1977), p. 152.

2. Serequeberhan, Tsenay, *The Hermeneutics of African Philosophy*, (Nueva York y Londres: Routledge, 1994), p. 38.

3. Enwezor, Okwui, "The Ruined City: Desolation, Rapture and Georges Adéagbo," en: *NKA, Journal of Contemporary African Art*, No. 4, Spring 1996, pp. 14-17.

4. Köhler, Stephan, "Rappelez-vous: Les astres influencent —mais ne determinent pas— le libre arbitre permet a l'homme de forger son destin" ("No olvide: los astros influencian, pero no determinan. Gracias a la razón, el hombre puede forjar su propio destino), Silvia Eiblmayr (ed.), *Georges Adéagbo. Archeology of Motivations. Re-Writing History*, (Ostfildern-Ruit: Hatje Cantz Verlag, 2001), p. 32.

5. Como explica Stephan Köhler: "Adéagbo sólo trae de su país alrededor de la mitad de los elementos. Luego se dedica a buscar, durante su estancia previa a la inauguración de la exposición, con el fin de ver qué le ofrece la ciudad, ya sean objetos encontrados o comprados". Silvia Eiblmayr (ed.), *Georges Adéagbo. Archaeology of Motivations – Re-writing History* (Ostfildern: Reihe Cantz, 2001), p. 34.

6. El término inglés Voodoo (vodun en Benín; también vodou y otras ortografías fonéticamente equivalentes en Haití; vudú en la república Dominica) se aplica a las distintas ramas de la tradición religiosa Teísta-Animista basada en los ancestros del occidente africano. Sus raíces principales se encuentran entre los pueblos Fon-Ewe de África Occidental, en el país conocido como Benín (anteriormente Reino de Dahomey), donde el vodun es actualmente la religión nacional de más de siete millones de personas. La palabra "vodun" es la palabra Fon-Ewe para el espíritu.

El área cultural de los pueblos Fon, Gun, Mina y Ewe comparte concepciones metafísicas comunes en torno a un principio divino cosmológico dual: el Dios-Creador (cuyo nombre varía pero que lo definiremos como Mawu) y los Dioses-Actores o Voduns, hijos del Creador. El Dios-Creador es el principio cosmogónico, que no se involucra en los asuntos mundanos, y los Voduns son los Dioses-Actores que gobiernan de hecho sobre los asuntos terrenales. Es interesante observar las similitudes entre esta concepción arcaica y la oposición mucho más tardía del Dios-Pantocrátor/Dios-Plitema que encontramos en las religiones monoteístas modernas.

El panteón de Voduns es grande y complejo. Hay siete hijos directos de Mawu, el principio cosmogónico, que son interétnicos y están relacionados con fenómenos naturales o personajes históricos y míticos, junto a docenas de Voduns étnicos, defensores de un determinado clan o tribu, además de los Voduns modernos, procedentes fundamentalmente de Ghana.

El vodun africano occidental o de Benín es similar al vudú haitiano en su énfasis sobre los ancestros. Sin embargo, cada familia de espíritus tiene su propio clero especializado que con frecuencia es hereditario. Entre los Espíritus se incluyen Mami Wata, que es la diosa de las aguas; Legba, que es viril y joven en contraste con la forma de viejo que asume en Haití; Gu, que manda sobre el hierro y la herrería; Sakpata, que rige sobre las enfermedades, y muchos otros espíritus a su manera distintivos en África Occidental.

Además de la tradición Fon o Dahomeyana que se ha mantenido en África, existen tradiciones relacionadas con ésta que se establecieron en el Nuevo Mundo durante el comercio transatlántico de esclavos africanos. El vodun o el vudú es probablemente la religión más antigua del mundo, directamente derivada de los sistemas de creencias prehistóricos. Además de Benín, el vodun africano y sus prácticas descendientes se encuentran en la República Dominicana, Puerto Rico, Cuba, Brasil, Ghana, Haití y Togo.

La tradición más o menos "pura" de Cuba se conoce como La Regla Arara.

El vudú del Nuevo Mundo y sus derivados son un caso nítido de sincretismo religioso entre la religión antigua importada con los esclavos africanos occidentales, las creencias cristianas de los esclavistas y las religiones locales.

El vudú haitiano, una forma criolla de vudú llamado Sèvis Gine o "Servicio africano" en Haití, también tiene elementos fuertes de los pueblos Ibo y Congo de África Central y los Yoruba de Nigeria, aunque muchos pueblos o "naciones" diferentes de África tienen representaciones en la liturgia del Sèvis Gine, así como los indios taínos, que son los pueblos originales de La Española.

Las formas criollas del vudú existen en Haití, de donde es nativo, la República Dominicana, partes de Cuba, los Estados Unidos y otros lugares a donde los emigrantes haitianos se han ido dispersando a través de los años. Es similar a otras religiones de la diáspora africana, como Lukumi o Regla de Ocha (conocida también como Santería) en Cuba, Candomblé y Umbanda en Brasil, todas religiones que evolucionaron entre los descendientes de los africanos transplantados a las Américas.

La mayoría de los africanos que fueron llevados como esclavos a Haití eran de la costa de Guinea en África Occidental, y sus descendientes fueron los primeros practicantes del vudú –los africanos que fueron llevados al sur de los Estados Unidos eran principalmente del reino Congo–.

Nota editorial: Ésta es una versión abreviada de un texto sobre el vudú de la Cribbeanweb, diseminado a través de sheppardsoftware.

7. Rush, Dana, "Contemporary Vodun Arts of Ouidah, Benin", *African Arts*, Winter 2001, 34, 4, p. 32.

8. Köhler, Stephan, "Georges Adéagbo's Installations—A Laboratory of Encounters". Un extracto de este texto fue publicado en www.iablis.de

9. Gadamer, Hans-Georg, *Truth and Method*, trad. y ed. de Garrett Bardem y John Cumming, (Nueva York: Continuum, 1975 y 1979), p. 430.

10. Eagleton, Terry, "The Marxist Rabbi", *Ideology of the Aesthetic*, (Oxford: Blackwell, 1990), p. 328.

11. Bhabha, Homi K., "La Question Adéagbo", en: *DC: Georges Adéagbo*, catálogo de exposición (Colonia: Museum Ludwig, 2004), p. 30.

12. Eiblmayr, Silvia (ed.), "Belgian Colonization of Black Africa", entrevista de Harald Szeeman a Georges Adéagbo, p. 64.

13. Köhler, Stephan, "Synchronizing Archaeology – Designation of Events," en www.jointadventures.org

By way of an introduction

Georges Adéagbo. In the Contingency of Sense

Octavio Zaya

1

The first experience one has with Adéagbo's work is usually unexpected and memorable, especially if it takes place in a non-institutional context, such as the street. But, these days, that kind of opportunity is rare. Adéagbo is today an internationally renowned artist, and his projects and assemblages are mainly shown at major museums and biennials—from New York's PS1 MoMA to the Venice Biennale and Kassel's Documenta. Nevertheless, his methodology, iconography, and form have maintained and followed a consistent principle of accumulation and display of site-specific objects and texts. This process has informed his work for the past forty years, and through it the artist has projected Africa's relations with the world and its central role in it, constants that Adéagbo revises and reconsiders in each and every one of his projects.

In the context of what we generally consider to be contemporary art from Africa, Adéagbo's work neither pertains exclusively to what is conceived of as a tendency inspired by tradition, nor is it rooted in modernism or popular art. However, his works simultaneously embrace and operate between all these categories while also transgressing stable definitions. Whereas, on the one hand, the work relates to the fabric of local culture and reproduces a locally conditioned view of the world, on the other hand, it unfolds and develops amid the complexities of the "universal" and "global" discourses that transcend the narrow Euro-American framework and extend throughout the dense network of Africa's historical and contemporary relations.

Adéagbo resolves this dialectic of forces in the manner in which African cultures have historically adapted to diaspora: by developing a hybrid and syncretic type of culture that continually thwarts any simplistic view of the relations between racial identity and racial non-identity; a transnational process of contamination, blending and fusion, reconstruction and reorganization, rupture and interruption that destabilizes a fixed and unchanging understanding of the experience and the work.

Place, however, is for Adéagbo both the reason for his work and its origin, although place does not necessarily define, limit, or confine his work. That place is Cotonou, in Benin, where he was born and where he returned after the death of his father in 1971, interrupting his law and business studies in France. In 1973 he began to fabricate "installations" in his yard. Adéagbo understood then that unlimited and unconfined freedom required an open site that is "the historical place, the there *in* which, *out* of which, and *for* which his-

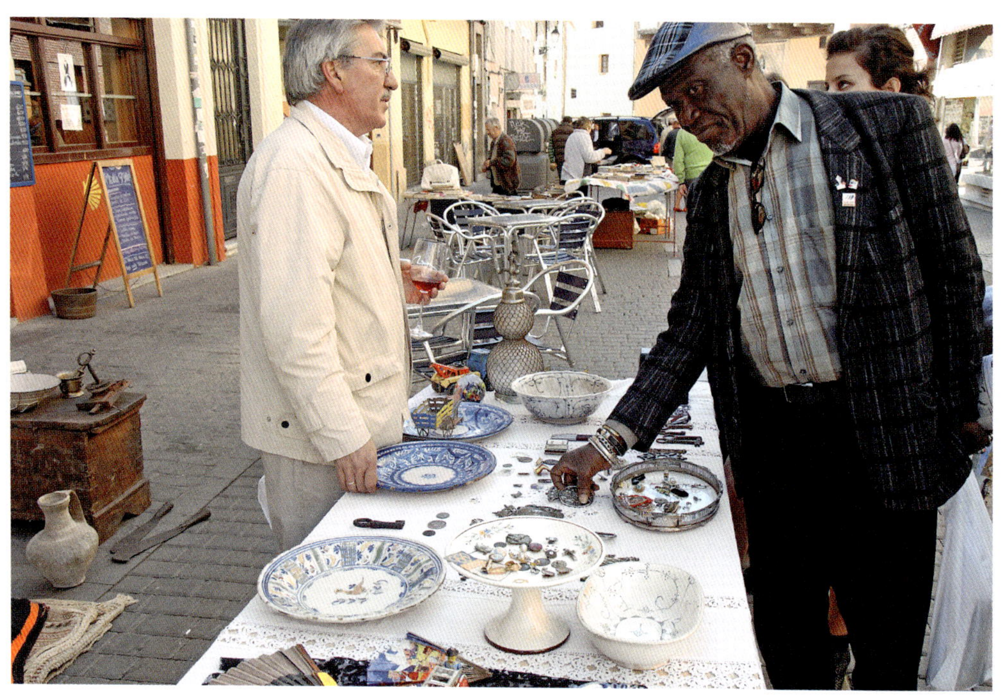

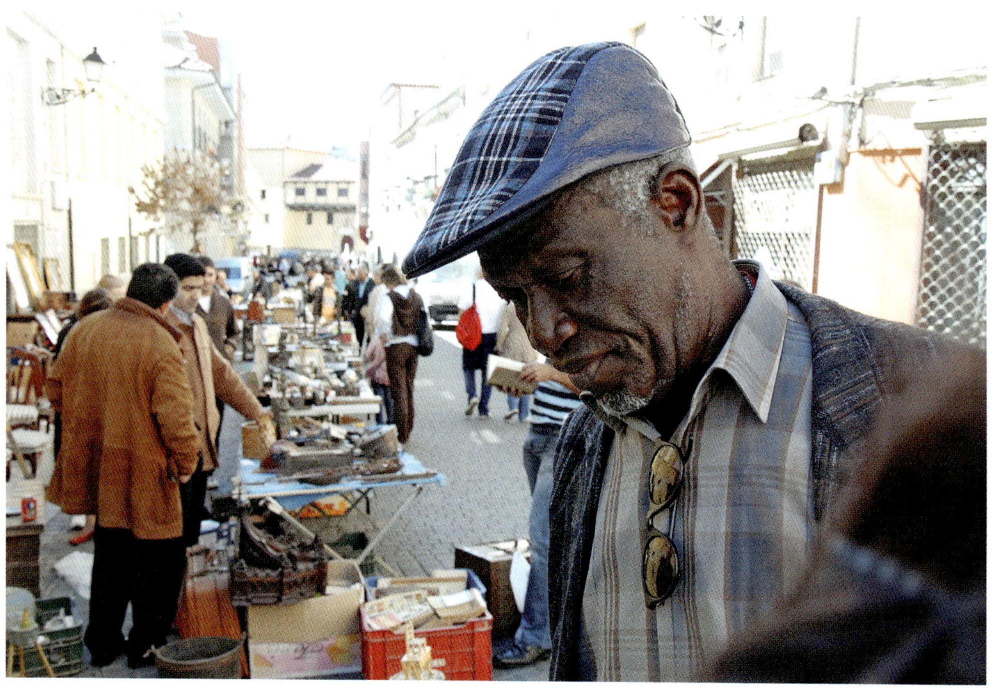

Georges Adéagbo en el mercado de anticuarios, León, 2010 / Georges Adéagbo at the flea market, León, 2010

tory happens,"[1] starting from the historicity of the African situation. That open site, therefore, proposes to reclaim African history and rediscover what has been covered over by European modernity and Western homogenized historicity. But its purpose is not "to return to some 'true,' 'uncontaminated,' 'original' 'African *arche*—as if this were possible or even desirable—but to make possible the autonomous and thus authentic self-standing historicity of African existence in the context of the modern world."[2] It is a matter of grasping the specificity and distinctive particularity of the African situation in the worldwide context, of the specific awareness of the African situation that Adéagbo constantly cultivates and preserves against the seductive rhetoric of "universalism."

In that specific place, Adéagbo has been compiling an archive of artifacts and texts for the past forty years. A network of thousands of objects, traces of events, personal writings, and thoughts lay out a course that lies between chance and destiny; self-determination and predetermination; choice and the ineluctable decree of personal history. The origins of that collection, of that archive, epitomize this dialectic and complementary nature. Okwui Enwezor refers to it when he reveals to us that "[Adéagbo] has, without interruption, kept up a daily ritual that takes him plunging into the streets of Cotonou in search of discarded objects, out of which he crafts artworks of ... melancholic brilliance, poetry, magic, and tragic beauty."[3] In addition, Stephan Köhler reports that, "during his walks in Benin, or at the exhibition location, there are objects—lost or thrown away by others—that catch Adéagbo's attention; signs that say something to him, and that he simply 'picks up and takes along.' In this way, the streets of a city become the game board of a geomantic oracle that leaves traces, signs, clues for Adéagbo."

Adéagbo's working method is always based on the selection and combination of objects, sources of information, and references. This may include sculpture, painting, his own handwritten notes, texts, books, magazines, and artworks and textiles that are found, collected, or commissioned in Cotonou and in the places where he has exhibitions.[4] Once the exhibition theme is decided, Adéagbo spends months investigating his archive, shaping what Köhler has called "a vector map of the constellation of forces that led to the current conditions of a situation"—a navigational tool with which to verify what is found on the path laid out before him. Before opening an exhibition in a given location, he needs to spend enough time there to be able to compare his investigation with the direct experience of the conditions and circumstances of the place. Based on this, he complements the texts and objects brought from Benin with pieces obtained in that specific environment.

Georges Adéagbo en el mercado de anticuarios, León, 2010 / Georges Adéagbo at the flea market, León, 2010

I walk, I reflect, I observe, I pass by, I return, I gather the objects that attract my attention, I go home, I read things, I take notes, and I learn.

That methodology parallels the form and deployment that Adéagbo develops based on the very history of his environment and experience. On the one hand are the Vodun altars,[5] which are manifested in the context of a belief system that perpetually invents, reinvents, and modifies itself. On the other hand are the markets that are, according to Enwezor, "pure contingency, like a perpetual space of accumulation and consumption, dissipation and collocation."[6]

With regard to the former, such as the altars of Ouidah and Cotonou in Benin, the aesthetic incarnation of Adéagbo's displays and assemblages reflects and corresponds to traditional themes and structures that at the same time celebrate evident signs of change. In the constant negotiation between discourses old and new, local and distant, the conventional borders between "traditional" and "contemporary" are dissolved and transcended in Adéagbo's work, to the same extent that the ever-changing and all-encompassing nature of Vodun enables this transcendence, as Dana Rush explains when referring to contemporary Vodun art in Ouidah.[7] In that display, Adéagbo gathers those objects found during his walks, by chance, with which he establishes a special relationship. As Köhler explains, "The significance that Adéagbo attributes to encounters with certain objects and persons is a constitutive part of his view that there is a 'destiny,' an overall plan in the sense of a higher scenario of life that persuades him to take this turn and not that, and thus to come across the scarves, gloves, pacifiers of the people of a particular place who for the same reason lost these objects or forgot them at certain crossing points."

Adéagbo also includes photocopies, personal writings, magazines, books, and other sorts of objects that he commissions from a group of artisans, working for him for years, who follow his instructions and indications. So the "real work" that Adéagbo himself produces is—as he himself has confessed to Köhler[8]—that of "observation, composition, and writing." To him, "dexterity is not important," and that is why he refuses to busy himself with any kind of craft. As in the case of several pictorial works, reliefs, and statues that were selected and "translated" in *The Mission and the Missionaries*—the impressive assemblage that he produced for the exhi-

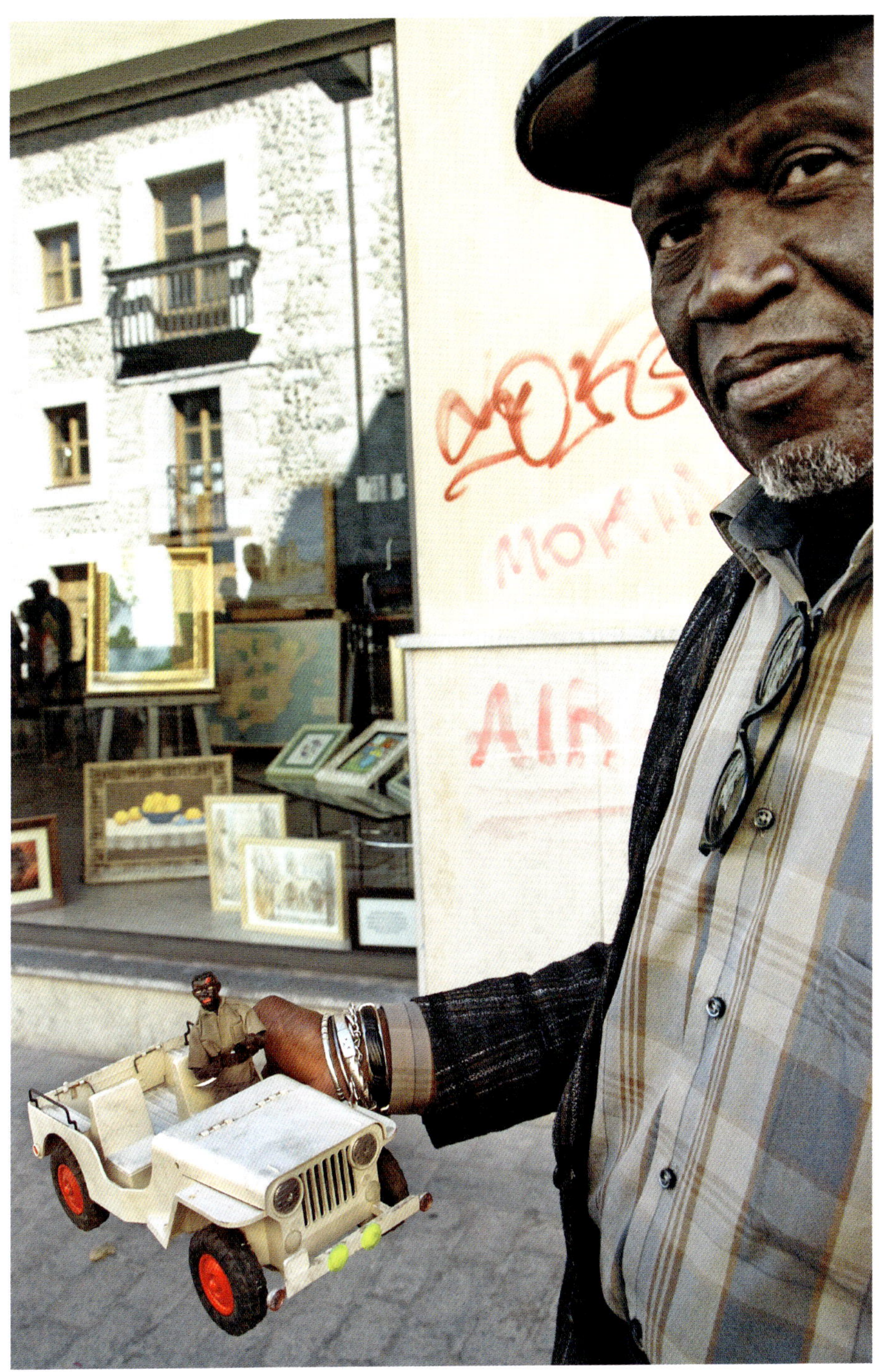

bition that I curated for MUSAC in León—Adéagbo selected the pictures and themes, which he then modified and adapted before craftsmen executed them under his direction in his Cotonou workshop. As Köhler informs us, the craftsmen who have collaborated on his projects and installations include Eli Adanhoumè, who signed with the alias "Esprit" and painted for Adéagbo from 1995 until his death in 2010, and who has now been succeeded by Benoît, his little brother. Similarly, Edourard Kinigbè first produced the wooden reliefs and carvings in Adéagbo's assemblages, and, more recently, the young Hugues Hountondiji has been producing them.

The relation between Adéagbo's assemblages and African markets, as well as popular markets in general, is equally evident, because these popular markets constitute the setting where the people recombine and renovate the contingent relations between bodies, spaces, and signs. Markets are, above all, the location for negotiations and agreements, where different organizations and services, spaces of freedom and autonomy, emerge and are developed. This emergence and development simultaneously proposes a continual revision and reordering of many of the essential elements of traditional and familiar identifications. And, based on these often improvised transformations, new types of relations and exchanges take place.

For the exhibition at MUSAC, not only did Adéagbo visit museums, institutions, and historic Spanish churches, some of which were directly dedicated to Spain's colonial past and to the history of its missions. Not only did he become familiar with Spanish literature and iconography and with other cultural manifestations, such as popular fiestas and religious processions. In addition to the weft of stories, styles, historical productions, aesthetic vocabularies, and other cultural identifications that withstand the ravages of globalization, Adéagbo became particularly interested in, and repeatedly visited, Leon's flea markets, where he bought numerous objects, religious images, clothes, books, photographs, magazines, and other artifacts that eventually became part of that grand assemblage *The Mission and the Missionaries*, where everything is blended and reinterpreted through relations with other objects and artifacts brought from Cotonou, which sometimes translate and replicate Spanish culture and, at other times, as African products and signs, refract in it the fluidity, changing options, and unexpected associations that the informal economy of flea markets affords us. Most of Adéagbo's assemblages are interfaces between two environments or contexts that are regulated by a constant activity in the form of an exchange between two substances that are situated so as to come into contact with each other.

Adéagbo's assemblages thus serve as vehicles for historical reconstruction, in the same way that the Africans who were forced toward America, and their descendants, maintained and continued to observe the essential elements of their religion and their cultures through syncretic adaptations and improvisations in the local context—despite the interruption and destruction caused by the slave trade and the imposition of Christianity and foreign culture. That continual reference to tradition and history in an artist like Adéagbo, who works and articulates his ideas from the present, arises from, and is related to, a specific tradition and history, as we have already seen, yet does not passively adhere to what is given by them. On the contrary, in Adéagbo's work, the relationship between tradition and history is an encounter without precise limits, on the boundary between change and destiny, like his encounters with those lost or abandoned objects.

Gadamer reminds us that, "Every assimilation of tradition is historically different, which does not mean that every one represents only an imperfect understanding of it. Rather, every one is the experience of a 'view' of the object itself."[9] To say this poetically with some of the words Adéagbo used in the assemblage that he presented at the 1999 Venice Biennale:

Rappelez-vous: Les astres influencent—mais ne déterminent pas—et que le libre arbitre permet à l'homme de forger son destin.

Perhaps for this reason, before proceeding to the specific experience of the installation *The Mission and the Missionaries*, Adéagbo believed it necessary to introduce the exhibition at MUSAC with the series "Constellation" and the series "Boxes," which he had previously presented in Venice and Florence in 2007-2008, and which now belong to the Fritelli Arte Contemporánea. Adéagbo admitted to me that the presentation of these constellations and boxes represented for him the spectator's encounter with his work, like a visit to his workshop. Adéagbo believed that before "joining" the work and considering the experience of *The Mission and the Missionaries*, the spectator or visitor needed to approach the work, "to encounter it." Indeed, the "Constellations" and "Boxes" clarify for us the fact that the idea behind his work does not rest on the assemblages as an informing essence, but that it is, to quote Terry Eagleton, "the way the object is conceptually configured in its diverse, extreme, and contradictory elements."[10] In

pp. 40–41:
Planteamiento de la instalación en la sala de restauración del MUSAC, 2011 / Laying out the installation in MUSAC's restoration studio, 2011

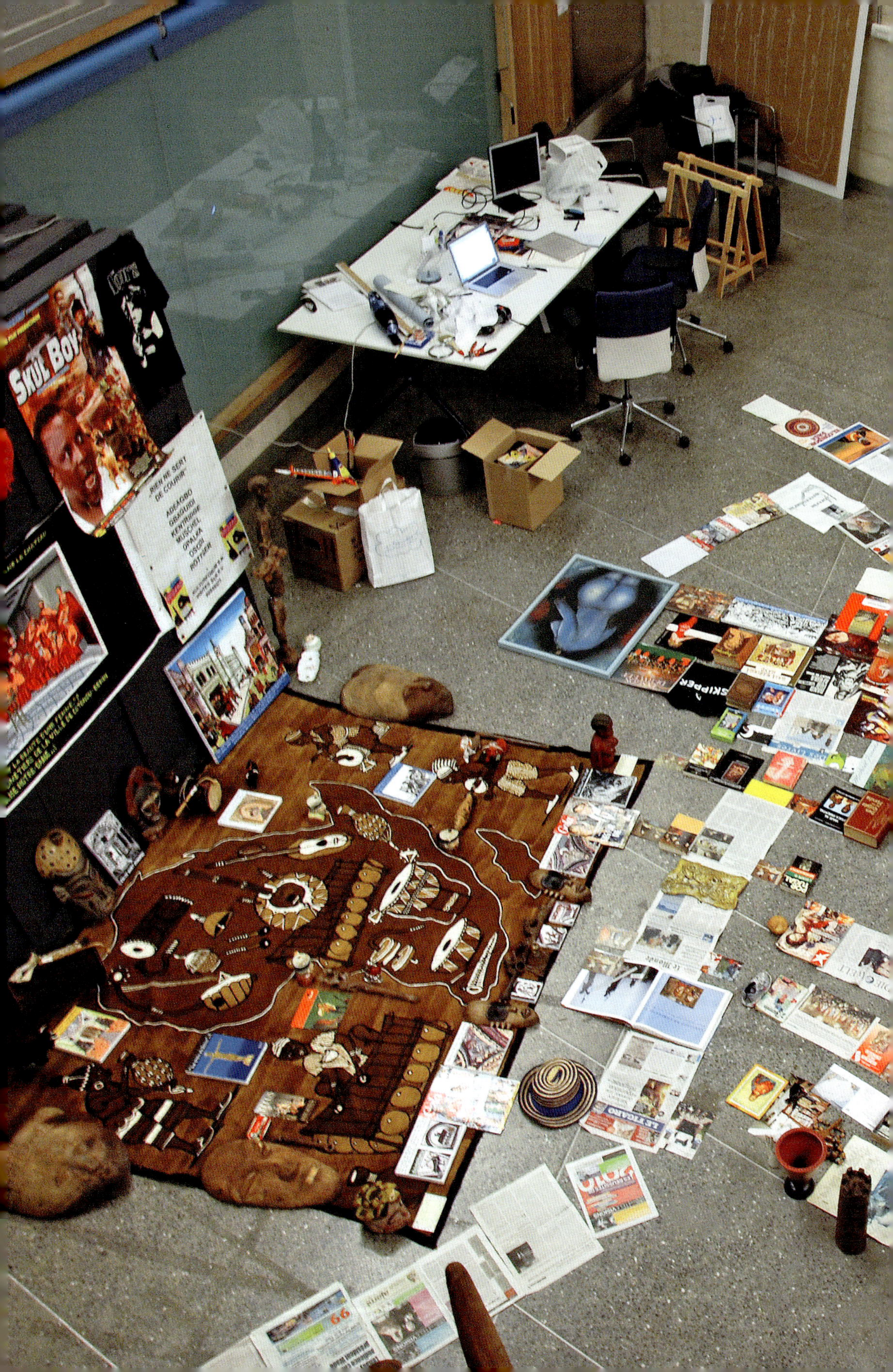
SKUL BOY
"RIEN NE SERT
DE COURIR"
ADEAGBO
GBAGUIDI
KENTRIDGE
MUSCHEL
OPALKA
OSODI
RÖTTGER
SKIPPER
LE FIGARO

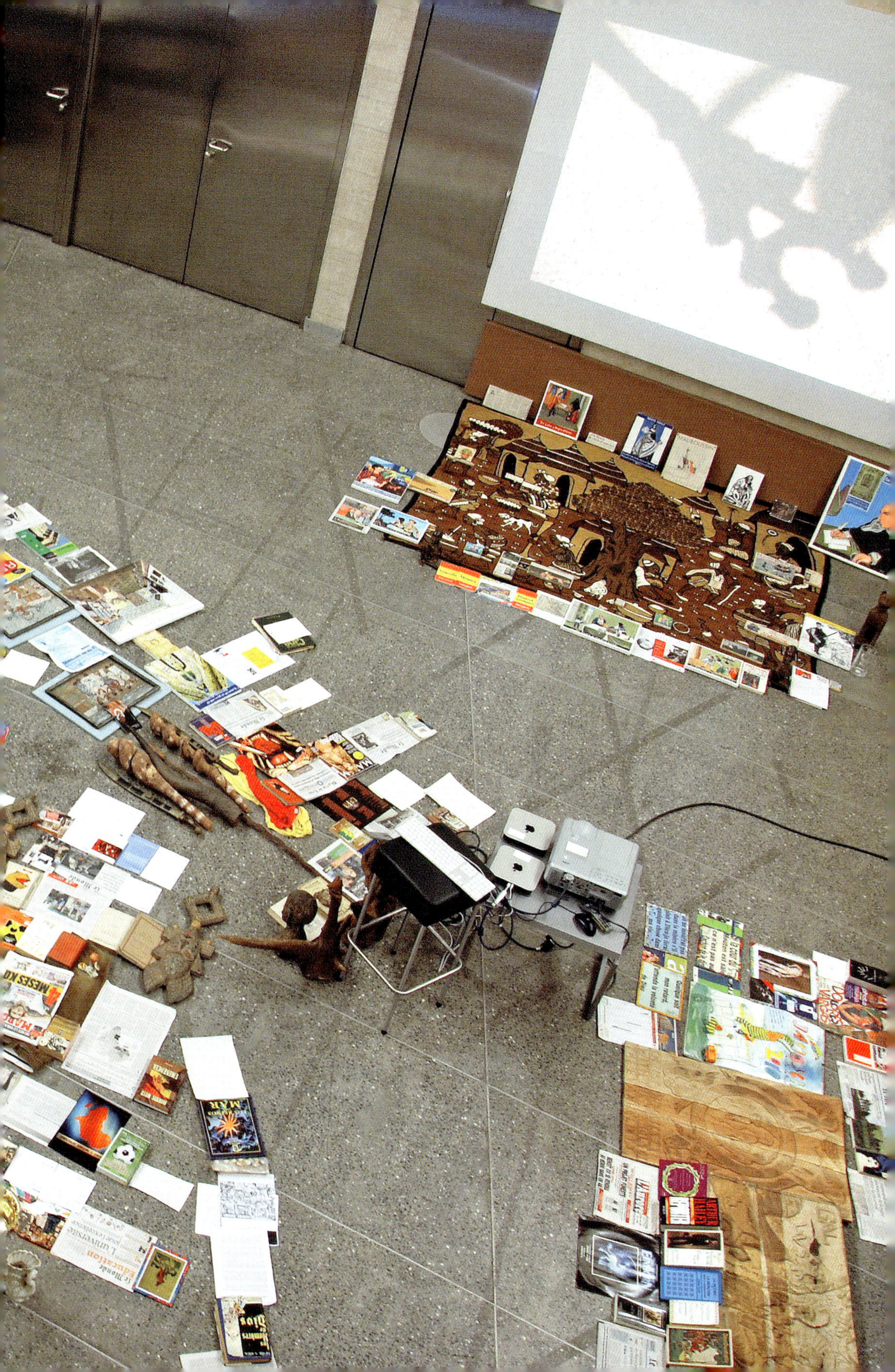

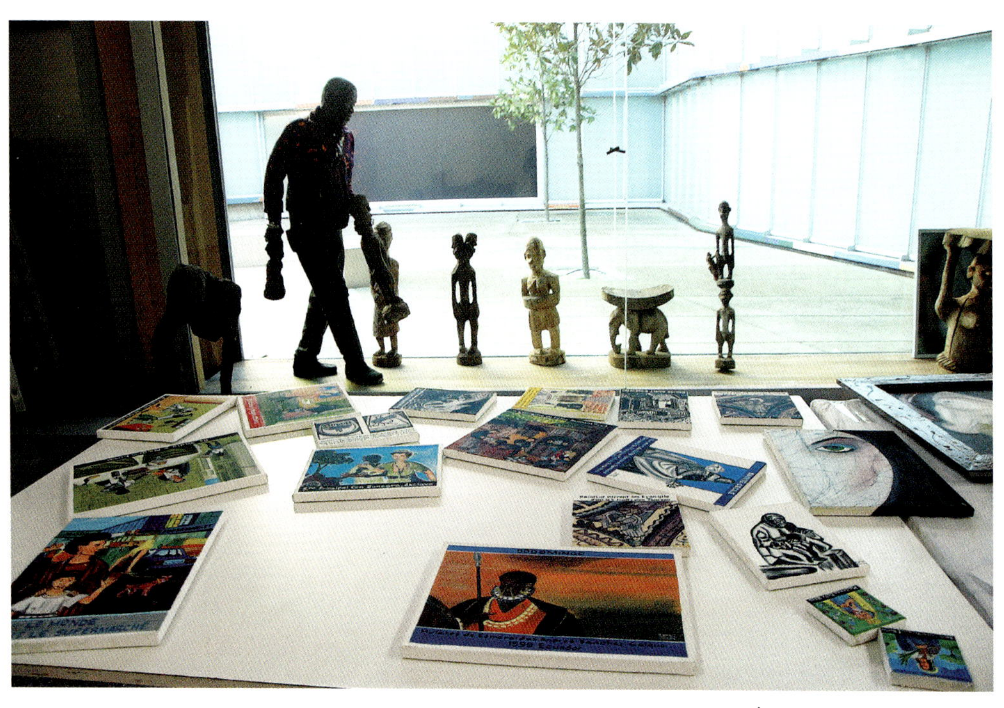

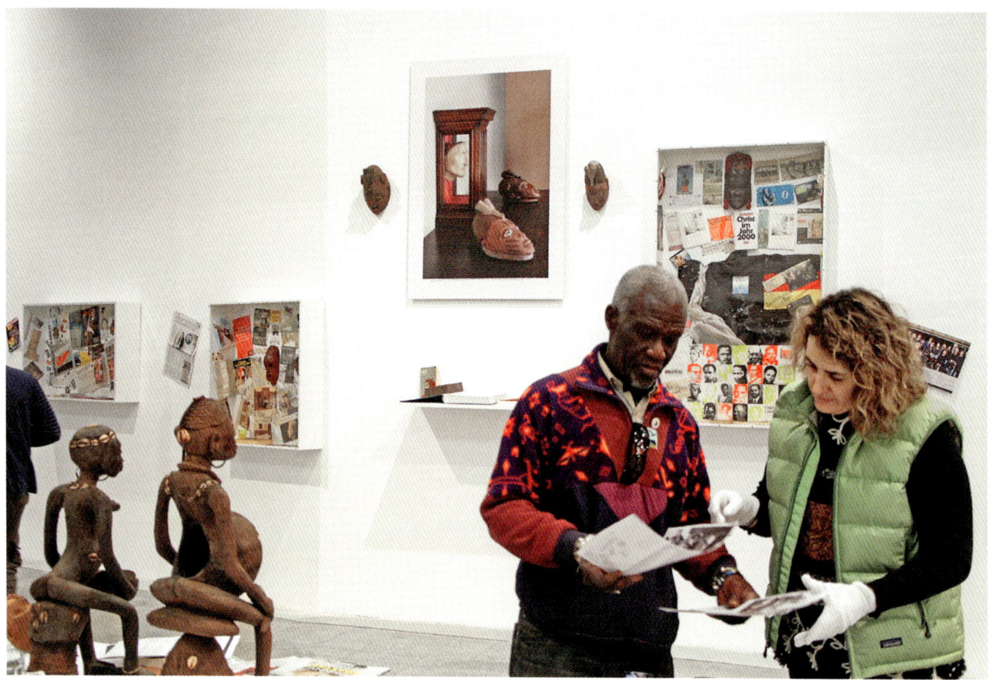
Christ
im
Jahr
2000

Instalación de la pieza *La misión y los misioneros*, 2011 / Installing *The Mission and the Missionaries*, 2011

Adéagbo's work, the idea is a constellation, which safeguards individuality but shatters identity, scattering the object amid a set of conflicting elements, significant juxtapositions, and affinities of specific historical references, which resist being reduced to a common denominator.

2

For the past forty years, we have all become familiar with the importance and impact of diaspora, migrations, transnationalism, and the de-territorialization of art practice in the global age. The work of Adéagbo, who travels between cultures while emphasizing a specific place, moves perfectly and precisely in the experience of motion, displacement, and closeness, both in the colonial period and in the complexities of globalization. Not only does Adéagbo speak to us about proximity and the need to build bridges of communication and exchange, but he also approaches his work from the centrality of Africa in each and every one of the historical periods of culture, economy, and politics that support that proximity and make these bridges possible.

The global approaches, relations, and links provide a format whereby Adéagbo transmits different stories in the context of the entire assemblage and allows spectators to connect with these in relation to their own experiences. By arranging artifacts, texts, etc., Adéagbo succeeds in emphasizing how slavery, colonization, and the history of migrations have linked peoples together throughout the world, sometimes with bonds that shape a common history, and, at other times, with unresolved conflicts and disagreements that have influenced and shaped historical impositions, dependencies, and enmities, which now serve as examples for understanding the contradictions of the contemporary world.

Adéagbo's work does not address the plurality (of objects and texts) as much as it does the problems, complexities, and negotiations of accumulation and consumption, the translations and transformations, relations, proximities, and displacements. While Adéagbo is perfectly aware of the specific nature of the diverse objects and elements that he employs in his assemblages, he orchestrates a general transformation by placing them in new contexts, establishing new frames of reference and offering a different narrative. His "archive" of recovered and selected objects is in a perpetual state of translation and transformation. As Homi Bhabha points out, "The intercultural and intertextual *mise-en-scène* characteristic of all Adéagbo's work not only transforms the field of reference of any single element or gesture within the works; it initiates an ongoing process of 'translation' that connects culturally and temporally diverse signs and symbols in a movement which, like the process of translation itself, refuses to enslave a work to one life, or one interpretation."[11] The relations between the objects and other elements Adéagbo employs are based on an approach or idea by virtue of which the "difference" does not only have to do with what fits each person's perception of what is native or foreign, insider or outsider. Difference emerges from the blurring of borders, from the proximity of objects, at the point at which these spatial and temporal processes become frameworks of interpretation from an aesthetic, political, or ethical viewpoint.

Adéagbo's installations usually cover gallery walls and spread across floors, engaging the spectator both vertically and horizontally: screen and stage, vision and location, art and object. But these installations never seem to emphasize horizontality or verticality. On the contrary, there is usually a central theme that connects all the elements of the assemblage with the manner of the installation's design and execution, while it also underscores the tension between the visual and the verbal, between images and texts, always juxtaposing cultural objects and aesthetic genres of diverse and differentiated genealogies and origins.

Forming networks and constellations of contrasting meanings, the paradoxes, juxtapositions, and contradictions habitually associated with the interpretations and readings of Adéagbo's work are usually derived from an attempt at comprehending his practice as that of a postcolonial or global artist who represents an "alternative" modernity. Although all these questions may be useful as a framework and in the service of an exhibition context, Adéagbo sees himself in the communitarian role of the artist as "missionary." So the language of his contingent stories and enigmatic statements is that of carefully prepared parables or myths of origin and formation.

Art. But what is art? Art is a way of talking. It is a way of walking. It is a way of showing people things indirectly, so as not to become their enemy. You choose other ways so that the other knows what you have to say to him to become his enemy. So that he may trust that you progress along the same path.

Art, in general, is a way of talking, a way of doing, a way of walking, a way of living among people.[12]

The *indirect way* to which Adéagbo refers is his way of approaching art. His search and exploration of other languages, other artistic vocabularies, other literary and narrative traditions, and the ways in which he succeeds in bringing them together without the need to combine them in a universal language, constitute the *indirect way* in which his art practice rediscovers, translates, and transforms what he finds in his search for meaning: a search for what we have forgotten, what we have lost. This is how Adéagbo conceives of art's mission. "He imagines new etymologies of experience, other philologies of being," asserts Bhabha. By creating a dense symbolic network of events, Adéagbo illustrates the universality of the laws of nature that govern life everywhere, while also revealing the diversity of existent conditions in a given location.

In this exhibition at MUSAC, as in most cases, the installations Adéagbo creates constitute, in Köhler's words, "an oracle and talisman to give guidance and protection for navigating through life," an "orientation, analogue to a map and a compass, a mental space to meditate about where one came from, one's current position, and, last but not least, whether one is on the path to recognize and fulfill what one is born to do."[13] Likewise, we must not forget that, in Adéagbo's work, understanding history is not the reproduction of something that has happened, but the sharing of a present sense.

1. Heidegger, Martin, *An Introduction to Metaphysics* (New Haven and London: Yale University Press, 1977), p. 152.
2. Serequeberhan, Tsenay, *The Hermeneutics of African Philosophy*, (New York and London: Routledge, 1994), p. 38.
3. Enwezor, Okwui, "The Ruined City: Desolation, Rapture and Georges Adéagbo," *Nka, Journal of Contemporary African Art*, no. 4, spring, 1996, p. 14.
4. As Köhler explains, "Adéagbo only brings from his country about half of the elements. Then he takes to searching, during his stay prior to the exhibition opening, in order to see what the city offers him, whether found or bought objects." Silvia Eiblmayr, ed. *Georges Adéagbo. Archaeology of Motivations – Re-writing History* (Ostfildern: Reihe Cantz, 2001), p. 34.
5. The term Voodoo (Vodun in Benin; also Vodou or other phonetically equivalent spellings in Haiti; Vudu in the Dominican Republic) is applied to the branches of a West African ancestor-based theist-animist religious tradition. Its primary roots are among the Fon-Ewe peoples of West Africa, in the country now known as Benin (formerly the Kingdom of Dahomey), where Vodun is today the national religion of more than seven million people. The word *vodun* is the Fon-Ewe word for spirit.
The cultural area of the Fon, Gun, Mina, and Ewe peoples share common metaphysical conceptions around a dual cosmological divine principle: the God-Creator (whose name can vary but we will define as Mawu) and the God(s)-Actor(s) or Vodun(s), sons of the Creator. The God-Creator is the cosmogonical principle, who does not deal with the mundane, and the Vodun(s) are the God(s)-Actor(s) who actually govern on earthly matters. It is interesting to note the similarities between this archaic conception and the much later opposition between

God-Pantocrator and God-Politeuma found in most modern monotheistic religions.

The pantheon of Voduns is quite large and complex. There are seven direct sons of Mawu, interethnic and related to natural phenomena or historical or mythical individuals, and dozens of ethnic Voduns, defenders of a certain clan or tribe; plus the modern Voduns, mostly coming from Ghana.

West African or Beninese Vodun is similar to Haitian Voodoo in its emphasis on ancestors. However, each family of spirits has its own specialized clergy, which is often hereditary. Spirits include Mami Wata, who are goddesses of waters; Legba, who is virile and young in contrast to the old man form he takes in Haiti; Gu, ruling iron and smithcraft; Sakpata, who rules diseases; and many other spirits distinct in their own way to West Africa.

In addition to the Fon or Dahomeyan tradition, which has remained in Africa, there are related traditions that have put down roots in the New World during the days of the transatlantic African slave trade. Vodun or Voodoo is probably the most ancient religion in the world, directly derived from prehistoric belief systems. Besides Benin, African Vodun and its descendent practices may be found in the Dominican Republic, Puerto Rico, Cuba, Brazil, Ghana, Haiti, and Togo.

The more or less "pure" Fon tradition in Cuba is known as La Regla Arara.

New World Vodun and its derivatives are a razor sharp case of religious syncretism between the ancient religion imported together with West African slaves, the Christian beliefs of their masters, and local religions.

Called Sèvis Gine or "African Service" in Haiti, a Creolized form of Vodun, Haitian Vodun, also has strong elements from the Ibo and Kongo peoples of Central Africa and the Yoruba of Nigeria, though many different peoples or "nations" of Africa have representation in the liturgy of the Sèvis Gine, as do the Taíno Indians, the original peoples of the island now known as Hispaniola.

Haitian Creole forms of Vodun exist in Haiti (where it is native), the Dominican Republic, parts of Cuba, the United States, and other places to which Haitian immigrants have dispersed over the years. It is similar to other African-diasporic religions such as Lukumi or Regla de Ocha (also known as Santería) in Cuba, and Candomblé and Umbanda in Brazil, all religions that evolved among descendants of transplanted Africans in the Americas.

The majority of the Africans who were brought as slaves to Haiti were from the Guinea Coast of West Africa, and their descendants are the primary practitioners of Vodun. (Those Africans brought to the southern US were primarily from the Kongo kingdom.)

[Editor's note: This is a much abridged and edited version of a text on Voodoo by Caribbeanweb, disseminated through sheppardsoftware.]

6. Enwezor, ibid., p. 16.

7. Rush, Dana, "Contemporary Vodun Arts of Ouidah, Benin," *African Arts*, winter 2001, 34, 4, p. 32.

8. Köhler, Stephan, "Georges Adéagbo's Installations—A Laboratory of Encounters." An abstract of this text was published on www.iablis.de

9. Gadamer, Hans-Georg, *Truth and Method*, trans. and ed. by Garrett Bardem and John Cumming, (New York: Continuum, 1975 and 1979), p. 430.

10. Eagleton, Terry, "The Marxist Rabbi," *Ideology of the Aesthetic*, (Oxford: Blackwell, 1990), p. 328.

11. Bhabha, Homi K., "The Adéagbo Question." *DC: Georges Adéagbo*, exhibition catalogue (Cologne: Museum Ludwig, 2004), p. 30.

12. Eiblmayr, Silvia ed., "Belgian Colonization of Black Africa," interview conducted by Harald Szeemann with Georges Adéagbo, p. 64.

13. Köhler, Stephan, "Synchronizing Archaeology – Designation of Events," in www.jointadventures.org

Instalación de la pieza *La misión y los misioneros*, 2011 / Installing *The Mission and the Missionaries*, 2011

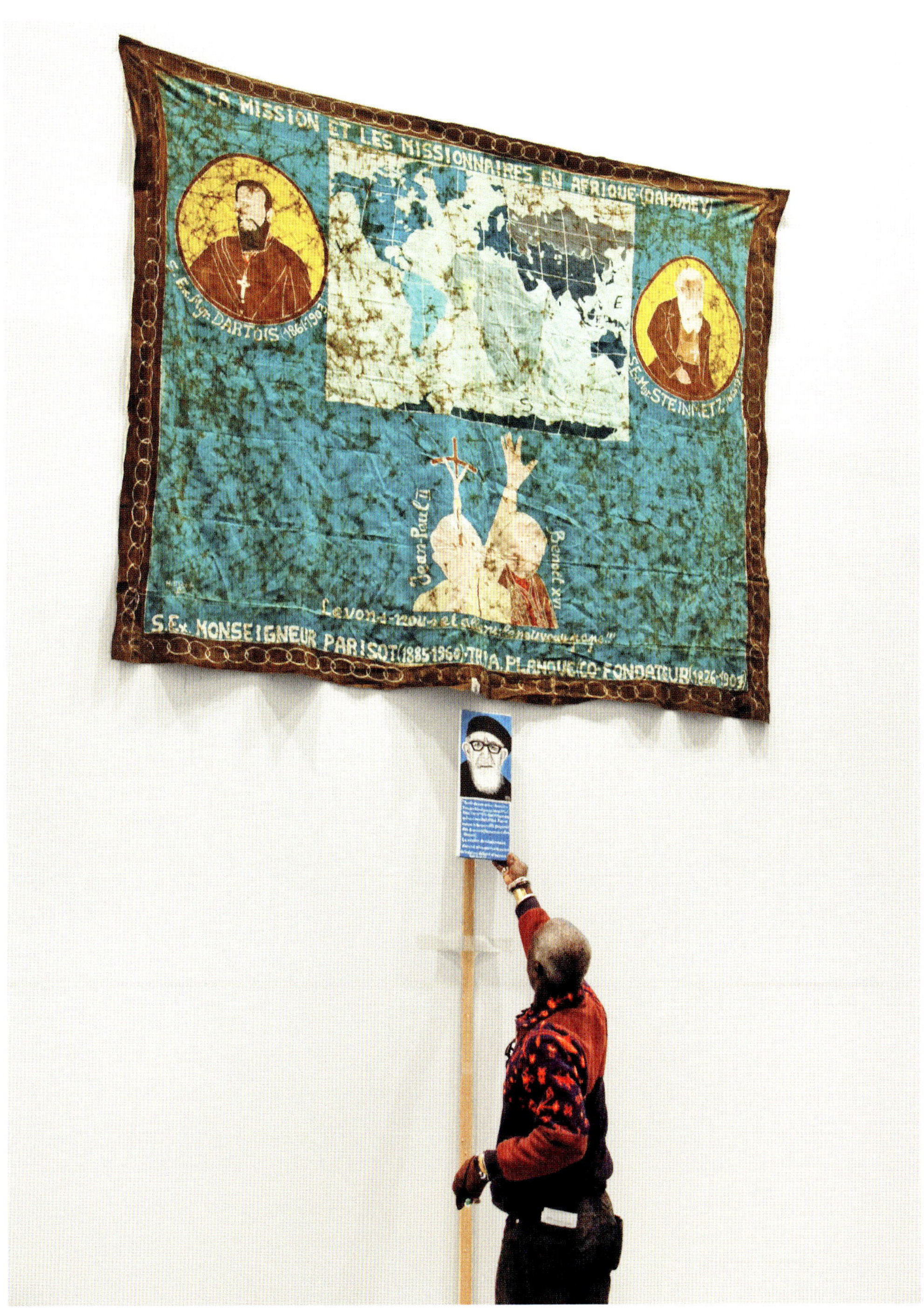
LA MISSION ET LES MISSIONNAIRES EN AFRIQUE (DAHOMEY)
Jean-Paul II
S.E. MONSEIGNEUR PARISOT (1885-1960)

Contextos desconocidos

Culturas visuales e historias del arte de Benín

Kerstin Schankweiler

Georges Adéagbo vive y trabaja en Cotonú, en la República de Benín, África Occidental, el mismo lugar en donde nació y creció. ¿Es necesario conocer ese lugar para comprender su arte?

Esta pregunta no sólo adquiere relevancia respecto al trabajo de Adéagbo, sino que resulta aplicable a cualquier artista que exponga sus obras lejos del lugar de producción de las mismas, a partir de la llegada de la globalización al sistema del arte en la década de los 90. Numerosos países del Hemisferio Sur carecen de la infraestructura de un sistema artístico, con las posibilidades de exposiciones, galerías, coleccionistas y una crítica de arte. Por ello, los artistas no tienen otra opción que exponer casi siempre en "Occidente". Este concepto sigue vigente, a pesar de la descentralización del sistema del arte y la disolución de la dicotomía entre centro y periferia, debido a la "bienalización" de las exposiciones, y a los notables avances en cuanto a la percepción de los artistas contemporáneos del "Sur" y del "Este" a través de grandes exposiciones como la Documenta y la Bienal de Venecia, entre otras. La desigualdad de oportunidades, así como los usos y aplicaciones del poder en el sistema del arte siguen siendo temas de gran relevancia, y con ellos también la cuestión de una contextualización adecuada del arte contemporáneo que proviene de fuera de Europa.

En ese contexto, es usual que la crítica en los países de Occidente prácticamente no tenga en cuenta esta cultura visual proveniente del Sur, que ciña las obras a esos preceptos estéticos.

La percepción que se tiene de las instalaciones de Adéagbo es un claro ejemplo del desconocimiento general frente a "otros" lugares de producción. Sus trabajos hasta ahora no han sido presentados en el contexto de la historia del arte de África Occidental o de Benín[1]. Esto no quiere decir que sea absolutamente necesario haber visitado Cotonú para poder evaluar las instalaciones de Adéagbo, ya que el arte adquiere un significado en el ojo del espectador que visita la exposición, independientemente de quién y dónde se haya producido esa obra.

Adéagbo plantea una aproximación a sus trabajos a través de la manera de crearlos, éste está específicamente ligado al lugar de producción de la obra. Adéagbo integra siempre en sus instalaciones múltiples objetos recolectados *in situ*, en los alrededores del lugar en donde se llevará a cabo la exposición, y que por ese motivo son reconocibles y clasificables para los visitantes de la misma.

Sin embargo, los trabajos producidos en Cotonú, su principal lugar de creación y al que siempre regresa para la preparación de sus exposiciones, adquieren "otros" significados. Éstos no tienen por qué ser más acertados o relevantes, pero resulta sorprendente la ignorancia en Europa que se tiene de Cotonú como su lugar de producción, lugar que, por otra parte, engloba los puntos de partida en cuanto a su manera de trabajar así como la específica apariencia de sus instalaciones.

Está claro que las jerarquías culturales siguen existiendo, ya que estos sitios, su cultura visual y su historia del arte no sólo son prácticamente desconocidos, sino que este desconocimiento no causa molestia alguna; simplemente se le considera algo de poca importancia.

Por ese motivo, deseo mostrar y destacar el significado de Benín en la especificidad estética y la concepción del arte en la obra de Adéagbo, ya que con el conocimiento de este contexto, sus trabajos podrán interpretarse desde perspectivas más amplias e iluminadoras.

Expondré algunos aspectos del arte y la cultura de su lugar de origen que pueden ilustrar el mecanismo visual de sus trabajos. Para ello, he seleccionado tres contextos que resultan especialmente relevantes en la concepción de su forma de trabajo y de las premisas estéticas de sus instalaciones: altares, mercados y el fenómeno de la *récupération.*

Es importante destacar que con este enfoque en el contexto local y en Benín no se pretende mostrar un lugar presumiblemente "auténtico" o de una particular relevancia. Pero no tenerlo en cuenta sería igual de problemático[2].

Altares

La construcción de las instalaciones de Adéagbo, a menudo recuerdan a los altares, como se ha señalado en algunas críticas de arte.[3] Esto atañe fundamentalmente al aspecto en el que los objetos se muestran de manera específica en un modo de exposición, por ejemplo, colocados sobre zócalos, expuestos ordenadamente en una alfombra en el suelo o reforzando la presencia de los mismos a través de pinturas en la pared (p. 51). Dado que Adéagbo también integra en su obra objetos de culto, tales como figurillas sagradas (p. 67), los espectadores pueden llegar a hacer asociaciones con la práctica religiosa. Además, en sus libros y artículos se alude a diferentes religiones.

Resulta revelador un comentario de Jean-Hubert Martin en relación con el debate sobre las fronteras entre religión y arte, y más concretamente, entre religión y estética, en el que Martin adjudica una cercanía estética entre los altares y el arte contemporáneo.

Georges Adéagbo, detalle de la exposición *La colonisation Belge en Afrique noir*, "ForwArt" Banque Bruxelles Lambert, Bruselas, 2000 /
Georges Adéagbo, detail of *La colonisation Belge en Afrique noir* from the exhibition "ForwArt," Banque Bruxelles Lambert, Brussels, 2000

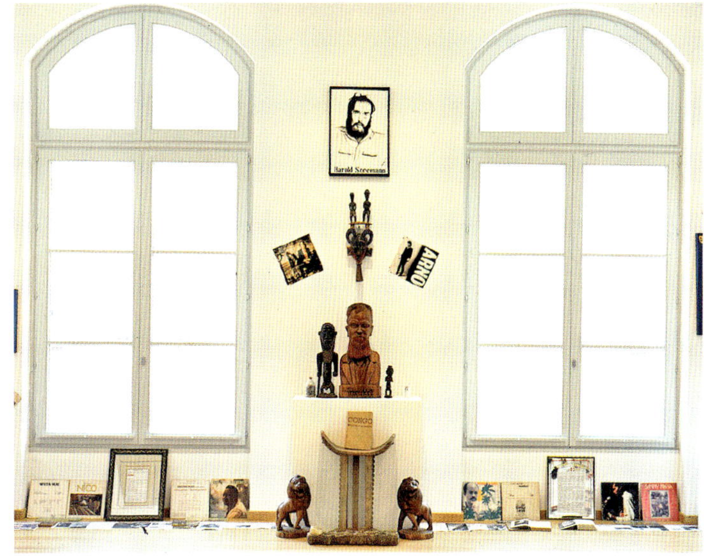

"Desde un punto de vista formal y metodológico, los altares y las instalaciones de arte contemporáneo resultan comparables entre sí. En ambos se ordenan los objetos en el espacio de forma que adquieran un significado. La diferencia entre ambos radica en el objetivo final, la libertad de los artistas y el grupo receptor"[4].

Las instalaciones de Adéagbo no son altares en el sentido estricto de la palabra, ni tampoco ejercen esa función, pero aquí las analizamos en sus planos metodológico y formal. La creación de un altar puede describirse como el establecimiento de un espacio. Un altar se traduce a "un objeto o una acumulación de objetos que vinculan sus conexiones religiosas con un poder protector. [...] Este espacio constituye un mundo fuera del mundo, en el que las conexiones y el orden de los objetos pueden ser artificiales, pero no casuales. Dicho de otra manera, la construcción de un altar implica la disposición de una red de un sistema de referencias que van más allá de la lógica convencional [...]"[5].

El conjunto de objetos que utiliza Adéagbo y la manera de disponerlos en la obra de arte tienen en común este mismo principio metodológico. También él aplica un sistema referencial de los objetos entre sí y construye un sólido espacio de integración de los mismos. La relación entre los objetos depende de una lógica propia al artista, pero se construye de una forma no casual, por el contrario, está cargada de significado. Por otra parte, Philippe Peltier subraya la "increíble capacidad de los altares de integrar nuevos objetos y estructurar nuevamente la red de relaciones simbólicas según las necesidades y la historia de cada persona"[6]. Muchos altares incorporan objetos de la vida cotidiana y, gracias a la disposición, adquieren significaciones religiosas, rituales o de culto. También la disposición de los objetos de Adéagbo se revela como algo adaptable a nuevos espacios, contextos y relaciones, y posee un alto nivel integrador. Los objetos encontrados en la calle se integran en este nuevo orden, con una carga más "valiosa" o simbólica. De esta manera, todos los objetos se desprenden de sus funciones y significados anteriores y adquieren otros en virtud de su ubicación dentro de de la instalación.

Mientras los principios de integración, conexión y constitución del espacio coinciden en mayor o menor medida con los altares en general, las instalaciones de Adéagbo poseen también una estética específica del África Occidental en cuanto a la ordenación de objetos. Un altar Mami-Wata[7] de Benín ilustra este concepto visual (p. 67). De la misma manera que en los trabajos de Adéagbo, los altares de vodun combinan diferentes objetos que en parte proceden de la vida cotidiana de África: un gran número de figuras de madera, vasijas, cuencos, botellas, flores, textiles y ofrendas se agrupan en torno a una ilustración en el centro que representa a la diosa Mami-Wata. Esta ilustración estructura y une la composición, ya que todos los demás objetos se remiten a la representación de la diosa honrada con el altar.

Muchas de las figuras se sitúan sobre la mesa, pero también delante, en el suelo o dispersas sobre una alfombra. De esa manera, se crea una profusión de objetos que hace difícil delimitar el conjunto. El altar ocupa la totalidad del espacio y está configurado a partir de una sobreabundancia de objetos. El método estilístico de Adéagbo encuentra equivalencias con los altares en su estrategia visual, en la integración y conexión de elementos heterogéneos, con el fin de constituir un sistema propio, así como en la apariencia estética del espacio. La estética que define su estilo en la ordenación de objetos sigue un esquema que podría ser parecido. Asimismo, emplea toda la superficie existente para la disposición de los elementos, dispone alfombras para delimitar la extensión y consigue un espacio lleno de significado cuya densidad y complejidad se constituyen mayoritariamente a través del gran número de objetos, su heterogeneidad y la relación entre ellos. También en la organización de los objetos respecto al espectador se asemejan este tipo de construcciones. Sin embargo, en el caso de Adéagbo no hay un único centro con un objeto sig-

Georges Adéagbo, detalle de la exposición *L'explorateur et les explorateurs devant l'histoire de l'exploration..! Le théâtre du monde..!*, Museum Ludwig, Colonia, 2004 / Georges Adéagbo, detail from the installation *L'explorateur et les explorateurs devant l'histoire de l'exploration..! Le théâtre du monde..!*, Museum Ludwig, Cologne, 2004

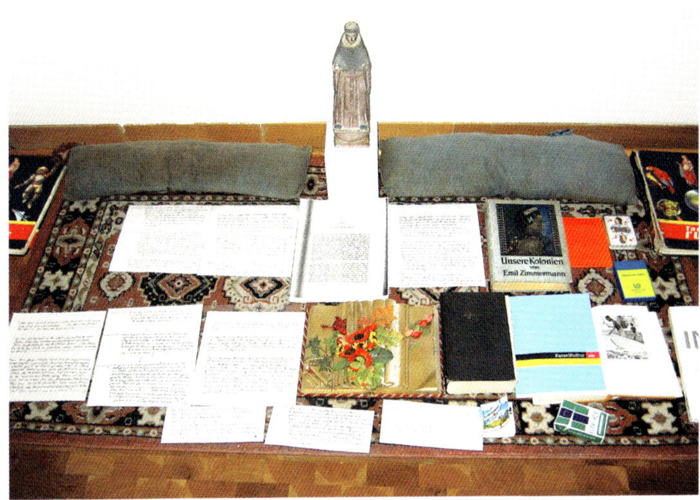

nificativo, sino que existen varias unidades independientes y numerosos puntos de unión. Así, la construcción del espacio se descubre como algo descentralizado, que elude la focalización en un conjunto u objeto concreto, en cambio, todos estos remiten al conjunto de la instalación.

La combinación de elementos provenientes de distintas religiones que caracteriza la obra Adéagbo, marca sus instalaciones con un sincretismo y relativismo cultural. En cualquiera de sus instalaciones puede aparecer simultáneamente una figura cristina, una estatua de Buda o un elemento fetiche del África Occidental. La libertad de movimiento a nivel global de los símbolos y de las prácticas religiosas y de culto se hace evidente en estas instalaciones, de la misma manera en que desemboca en procesos de mestizaje cultural. En África Occidental y en Sudamérica existen aún hoy en día cultos que unen principios cristianos con tradiciones del vudú —mezclas que, por una parte, se produjeron a partir de la trata de esclavos y de la evangelización de los misioneros durante la época colonial, muchas de las cuales siguen vigentes—. Adéagbo se apropia de esta combinación de distintos elementos religiosos en su ejercicio estético sobre las transferencias culturales. Los símbolos no cumplen aquí su función de objetos de adoración y no promulgan un motivo ritual. Más bien, estos elementos religiosos y de culto remiten a prácticas y valores culturales que Adéagbo combina y compara. Adéagbo hace uso de los más variados elementos, procedentes de contextos como la religión, la filosofía y el culto, que juntos confirman un tipo de plano paralelo. La literatura secundaria sobre religiones y cultos que Adéagbo integra en múltiples ocasiones funciona como punto de reflexión sobre los planteamientos y fenómenos culturales y refuerza el aspecto analítico de las instalaciones, estimulando las reflexiones en torno al relativismo cultural.

Mercados

La venta callejera domina el paisaje de muchas metrópolis del África Occidental, cuyas calles se llenan de puestos. Los mercados no sólo conforman el sistema económico de las ciudades —también de la ciudad de origen de Adéagbo, Cotonú— sino que son, más allá de eso, un influyente modelo visual de la cultura de lo cotidiano. Las mercancías se amontonan y se ordenan en los puestos con un sentido estético. Se concede gran valor a la presentación primorosa de las mercancías (p. 77). Estos locales ambulantes tienen un carácter de instalación y unas cualidades estéticas que se han adoptado en la práctica artística contemporánea.[8] Y ciertamente los trabajos de Adéagbo remiten —en su estética— a los mercados de África Occidental, como muestra claramente el ejemplo de Dantokpa en Cotonú (p. 69).

Desde los años 60, el mercado de Dantokpa en el Boulevard Saint Michel, con sus aproximadas 18 hectáreas, es un negocio floreciente y el mercado más grande a cielo abierto de toda África Occidental. Es en sí mismo una especie de "mega instalación" (p. 70). La oferta de mercancías es muy variada (p. 55, 77), pudiéndose comprar allí prácticamente de todo —desde víveres a telas, joyas o aparatos eléctricos, pasando por ofrendas para prácticas rituales— . Los incontables puestos no son espacios fijos en la plaza, sino arquitecturas efímeras. Sólo a veces vemos cubículos, que recuerdan pequeñas boutiques, hechos de los más diversos materiales y cubiertos normalmente por chapa ondulada; también encontramos cabañas de paja, donde se ofrecen animales vivos. Sin embargo, muchos de los vendedores y las vendedoras presentan su mercancía sobre simples mesas, y como la mayoría de estos puestos no puede cerrarse, todo debe ser montado y desmontado diariamente. Además, el mercado se puebla de vendedores que no han alquilado ningún espacio fijo y que pasean por las calles aledañas llevando la mercancía consigo, normalmente sobre sus cabezas, convirtiéndose ellos mismos en "puestos de venta ambulantes".

Dantokpa es un laberinto inabarcable de puestos, seres humanos y mercancías. El montaje y desmontaje diario de los puestos,

Mercado de verduras, especias, alimentos básicos y al fondo ropa de segunda mano, Sokodé, Togo, 2001 / Market for vegetables, spices, staple foods and, in the background, second-hand clothing, Sokode, Togo, 2001

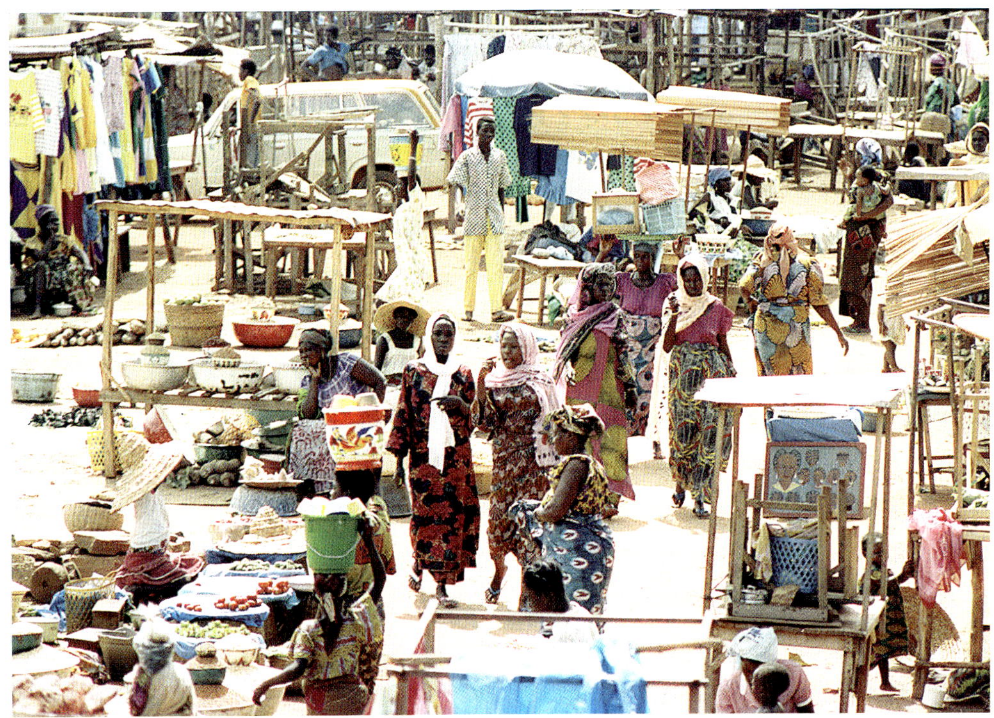

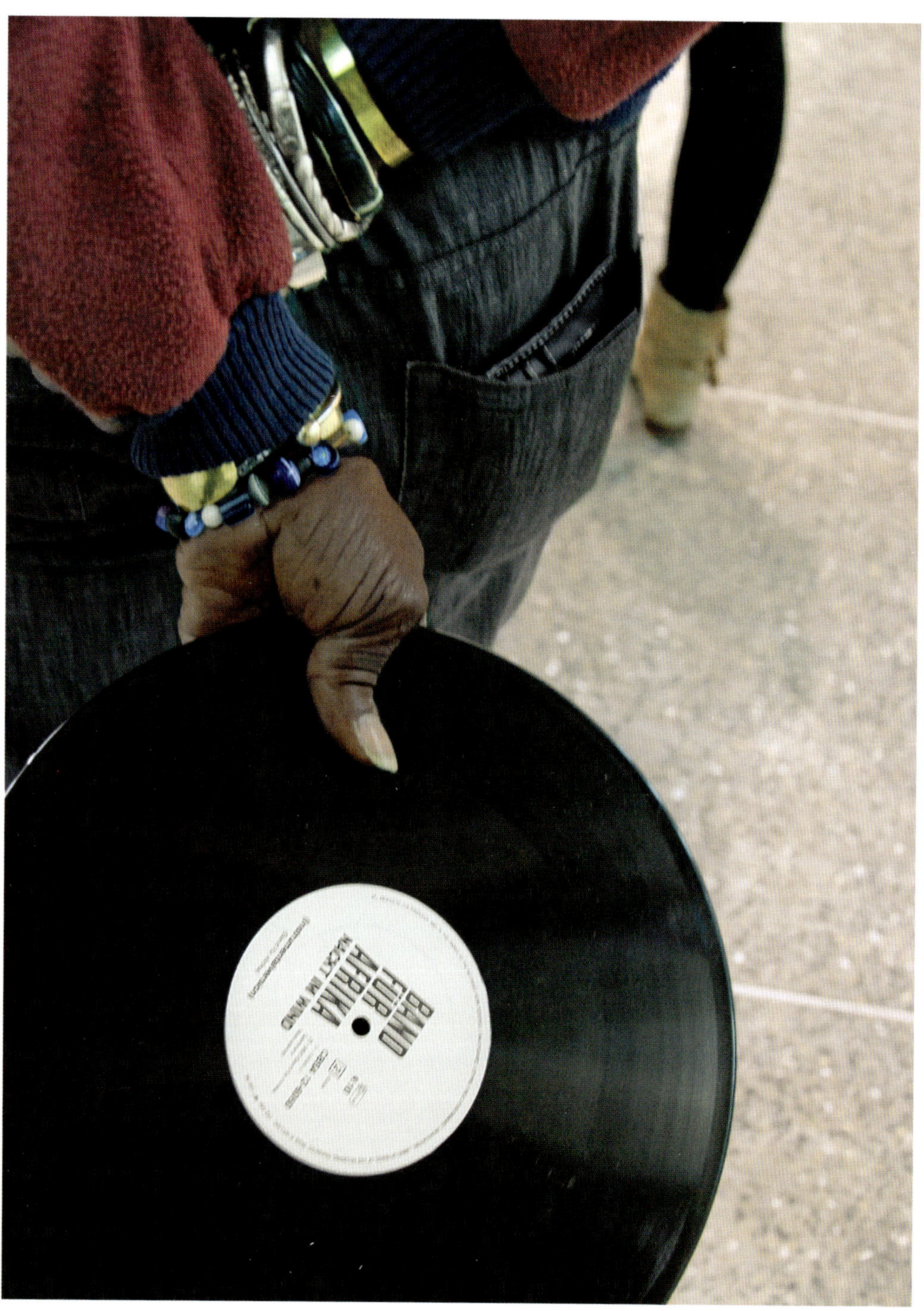
BAND
FÜR
AFRIKA
NACHT IM WIND

Georges Adéagbo con un vinilo para la instalación *La misión y los misioneros*, 2011 / Georges Adéagbo with a vinyl recording for the installation *The Mission and the Missionaries*, 2011

su carácter efímero y móvil, y la cuidada presentación de los objetos están íntimamente ligados a la práctica artística de Adéagbo. Diariamente, él dispone en su terraza acristalada de Cotonú diversos objetos a la manera de una instalación (desmontándolo todo por la noche para volver a montarlo de nuevo al día siguiente). Las composiciones de Adéagbo resultan estéticamente muy cercanas a los mercados —incluso por la multiplicidad de imágenes que ofrece al ojo una apariencia muy cambiante en ocasiones llega a ser un estímulo visual desmedido— . La transferencia cultural en el viaje de ida y vuelta de los objetos desde Benín hasta los espacios expositivos, práctica habitual de Adéagbo, es también una suerte de conexión con el aspecto intercultural de Dantokpa: un punto de unión transcultural de la región. El mercado es conocido más allá de las fronteras del país y atrae numerosos visitantes. Allí no sólo ofrecen su mercancía los comerciantes de Benín, también de los países vecinos. "Ceci permet à ces acteurs de 'frotter' leur expérience et leur 'savoir-faire'. C'est donc un model d'intégration économique et régional"[9].

Como punto de encuentro intercultural, Dantokpa es también un lugar de intercambio, no sólo de mercancías, sino de lenguas, costumbres, estrategias de venta y prácticas culturales de los pueblos. Los diferentes actores del mercado, así como los numerosos productores de las mercancías, constituyen la diversidad del espacio en una suerte de creación colectiva.

En este mismo sentido, Adéagbo reúne en su práctica cultural objetos de diferentes regiones y culturas, así como de diversos fabricantes, en una suerte de "mercado", y los ofrece a los espectadores para su contemplación.

Okwui Enwezor, conocedor de las ciudades africanas, ya asoció estos conceptos y destacó la proximidad conceptual y estética de la obra de Adéagbo con los mercados de África Occidental. "El mercado africano: como pura contingencia, como un espacio de perpetua acumulación y consumo, disipación y colocación, intercambio mercantil y entropía cultural, comporta la misma sensibilidad que las instalaciones de Adéagbo sugieren"[10]. Por el contrario, los críticos desconocedores de estos lugares no toman en cuenta esta clara analogía e ignoran la cultura visual del África Occidental como contexto importante en los procesos de creación del arte contemporáneo, aquellos que transforman los procedimientos socioculturales en algo artístico.

Fuera de África, numerosos artistas también se inspiran en modelos visuales similares. El teórico del arte y comisario Nicolas

Bourriaud identifica a los mercados como una referencia omnipresente en las prácticas artísticas de los años 90[11]. A las instalaciones de Adéagbo se las asocia a menudo con los mercadillos[12], y Bourriaud los cita como ejemplo para su tesis. Ciertamente Adéagbo posee una afinidad con los mercadillos: resultan una mina de oro inagotable para sus instalaciones. Por ese motivo, los busca con dedicación por las ciudades europeas, para encontrar objetos que incluir en sus obras. Muchos de los elementos que he usado para definir Dantokpa resultan igualmente aplicables a los mercadillos: agrupación de objetos, reciclaje, heterogeneidad de materiales y mercancías, efímero, autoría colectiva. Estos aspectos desempeñan un papel destacado tanto en los mercados europeos como en los africanos. Más allá de esto, Bourriaud plantea una teoría en la que la estética de mercadillo se postula contra la inmaterialidad del mundo virtual, vaciado de significación. Bourriaud entiende la marginalidad de los mercadillos como una forma de refugio ante la inmaterialidad de Internet, y los considera un modelo atractivo para los artistas contemporáneos[13]. "A diferencia de las compras *online*, los clientes de un mercadillo pueden percibir y comprobar los objetos en su materialidad. El polvo de las calles, el encanto de los artículos de segunda mano en contraposición a los espacios asépticos y virtuales, cuyas fotografías probablemente han sucumbido al poder de la manipulación digital, no sólo resultan elementos estéticamente más agradables, sino también más creíbles".

¿Acaso se trata de un aspecto importante para Adéagbo? El papel que desempeña lo virtual de Internet en África Occidental es ciertamente menor. Aunque en las ciudades existen cibercafés muy frecuentados –básicamente porque son muy pocos los que tienen ordenadores en casa– comprar por Internet no es una práctica común. Para el propio Adéagbo, que ni posee ni utiliza ordenador, Internet resulta un descubrimiento absolutamente marginal. Los mercados de África no poseen connotaciones románticas (excepto para los turistas) en las que, por ejemplo, las compras en el mercado supongan un placentero paseo o una actividad para el tiempo libre de los domingos al mediodía. Sino que al contrario, son omnipresentes y diarios.

Las observaciones de Bourriaud sobre los mercadillos como paradigma del arte de las instalaciones en los años 90 y su referencia a Adéagbo como muestra de ello resultan reveladoras. Resulta curioso lo bien que se integran y adhieren los trabajos de Adéagbo a las corrientes artísticas europeas, a pesar de que dentro del contexto africano occidental no posean esa dicotomía entre materialidad y virtualidad. Así resulta comparable la estética de acumulación de objetos de Adéagbo con las instalaciones de Thomas Hirschhorn o Jason Rhoades, a los que Bourriaud también cita como ejemplos ilustrativos. Para los espectadores europeos, los trabajos de Adéagbo –precisamente en estos tiempos de hegemonía de Internet–, y su rechazo hacia las necesidades de los nuevos medios en contraposición a la materialidad y accesibilidad de las cosas refuerzan esta teoría aunque ésta no sea su premisa inicial. Aún así, la diferencia cultural que implica el proceso de creación en Cotonú no se debe dejar de tener en cuenta, ya que los desplazamientos de contexto condicionan la interpretación.

Récupération[14*]

El concepto de *récupération* desempeña un papel muy importante en la escena artística de África y ocupa un lugar importante en la historia del arte de Benín. *Récupération* quiere decir encuentro, hallazgo y rescate para hacer un uso, dar una utilidad, de alguna manera también significa reapropiación del objeto para fines propios. El *récup-art* define esta manifestación estética sobre la práctica artística de reutilización, en esculturas o en ensamblajes, de elementos encontrados que ya fueron usados anteriormente. "Pero también se refiere a una actitud frente a las imágenes, las tradiciones pictóricas y los símbolos, así como al trabajo que el artista realiza al conferir a estos 'objetos' un nuevo significado"[15]. Como actitud y manera de relacionarse con pinturas, objetos y prácticas, la *récupération* también implica un método de concebir significados complementarios. Así es como Adéagbo lo entiende: él recicla toda tipo de materiales, normalmente objetos desechados por otros, a los cuales revaloriza y dota de nuevos significados en su práctica artística.

La *récupération* en África no sólo se aplica en el contexto artístico, sino también en innumerables ocasiones de la vida cotidiana. A partir de neumáticos usados se fabrican sandalias, a partir de latas se fabrican joyas (casi siempre para turistas), el material de embalaje se utiliza para cubrir tejados y espacios de las viviendas, etc. En torno a la *récupération* se desarrolla toda una pequeña industria. Muchas veces se trata de artículos de consumo que ya están fuera del circuito mercantil de los Estados industriales y ricos, y que entonces ingresan en los mercados africanos. Los artículos son transformados de manera creativa y utilizados para nuevas funciones. En estos procesos, los materiales cuentan historias sobre su procedencia, su viaje, para lo que fueron usados anteriormente, etc., justo al contrario de lo que sucede con los materiales reciclados industrialmente, que se convierten en un elemento nuevo, limpio, impoluto y anodino. "El reciclaje o la *récupération* constituyen una actividad primordial en la cultura africana. Este proceso de asimilar la basura extranjera debe ser visto como un elemento creador de una identidad cultural"[16].

En las calles de Cotonú se pueden ver vehículos con marcas europeas, que en la propia Europa ya no están permitidos o han sido desechados. A veces no tienen ventanas, retrovisores o cinturones de seguridad. En Cotonú, estos vehículos funcionan como taxis, transporte de víveres, de materiales de construcción, de muebles, etc., para lo cual se amontonan los objetos a transportar sobre sus techos. La *récupération* se convierte en un fenómeno de la *contact zone*[17], en la cual objetos culturalmente distintos (muchas veces sometidos a relaciones de dominación y subordinación poco equilibradas) se encuentran e interrelacionan. En Benín los objetos no son considerados 'basura' tan rápido. A través del "arte de la improvisación respecto a las deficiencias y el bricolaje en torno a los materiales"[18], permanecen más tiempo dentro del ámbito de la vida económica y sociocultural. Este fenómeno, tiene que ver con la existencia de grandes carencias y deficiencias, despierta altos potenciales de creatividad frente a la realidad de las ciudades africanas. Sin ánimo de dar una visión romántica de la pobreza, estas prácticas manifiestan una apreciación distinta del valor de los objetos.

El carácter fragmentario de los objetos de muchas de las obras de *récupération*, además de su cercanía con el fetichismo o el culto a las reliquias, revelan implicaciones mágicas en los objetos inanimados. Éstos son considerados poseedores de connotaciones mágicas o sagradas. Por ello no sorprende que este estilo artístico desempeñe un papel importante sobre todo en países como Benín o Camerún[19], ya que allí una religión como el vodun ocupa un lugar importante. Sin embargo, estas obras no deben confundirse con fetichismo en el sentido religioso de la palabra —tampoco con los objetos reciclados de uso diario— sino que son más bien análisis de prácticas socioculturales y sociales sobre el uso que se le da a los objetos.

Por lo tanto, el *récup-art* remite a la cultura de lo cotidiano, de los objetos, a su variabilidad o potencia funcional, y a cómo son considerados y transformados por la sociedad. A la vez, los procesos transculturales y las estructuras interrelacionadas (del tráfico de las mercancías, de la historia (colonial) desarrollan un papel importante. Este aspecto transcultural del *récup-art,* en cuanto al uso de objetos de uso común, es también un aspecto central en el trabajo de Adéagbo, ya que él no toma sólo objetos de su "propia" cultura, sino también de "otras", ya que justamente lo que le interesa son las estructuras y el entrecruce de historias.

Si bien es cierto que el de Adéagbo se puede situar en el contexto del trabajo conceptual de los objetos artísticos en Europa, a partir de Marcel Duchamp y la introducción de los *objets trouvés*, el *récup-art* se trata más de una utilización de materiales comunes y usados en lo cotidiano, que de la poesía del carácter transitorio o la consideración del concepto artístico y de la autoría, características inherentes al *ready-made*.

De ahí que la variación del significado de las instalaciones dependa de la contextualización. Aún así, existen interferencias entre los distintos conceptos, que no se conciben como estáticas, sino como dinámicas y versátiles. En este sentido, el *récup-art* que se produce explícitamente para los mercados occidentales, puede querer indicar desde un punto de vista crítico, que Europa —formulado desde la exageración— descarga su basura en África (y vende allí sus productos de consumo) y éstos vuelven sin embargo como objetos "recuperados" que ya transformados regresan al circuito económico.

La estética del bricolaje

Susan Vogel ya señaló cómo el siglo XX se impregna de la estética artística africana: "El arte africano [...] se hizo menos determinante en su actitud, menos unificado en su composición y más complejo visualmente. Muchos trabajos se volvieron heterogéneos en su tratamiento y, en efecto: donde anteriormente podían moldearse esculturas de una sola pieza de madera, los nuevos trabajos comenzaron a realizarse con materiales variados de reemplazo, a menudo de orígenes dispares, combinados en composiciones visual, e incluso a veces físicamente, inestables [...] De ahí que las composiciones del arte de finales del siglo XX parezcan mucho más fragmentarias [...]"[20].

En ello, Susan Vogel ve una relación con la vida cotidiana de la cultura urbana y contemporánea que desde mediados del siglo XX también domina a las zonas más rurales.[21] Los tres aspectos de la cultura de Benín que se han esbozado aquí han sido analizados básicamente como fenómenos estéticos y conceptuales. En este sentido, siguen unos principios similares y destacan por sus referencias recíprocas.

Estas manifestaciones culturales resultan cercanas entre sí porque se manifiestan a través de agrupaciones de objetos de contextos diversos, que son reagrupados y reorganizados a modo de instalación. En el caso de los altares y la *récupération* se trata además de una contextualización completamente novedosa de los objetos, que antes conformaban una serie de relaciones entre ellos, y que ahora experimentan una reinterpretación. Concretamente, el ejemplo de la *récupération* muestra además cuán unidos se hayan los conceptos de la estética de lo cotidiano con las Bellas Artes.

En suma, se puede hablar de una estética del bricolaje, que para Benín (y otras partes de África) es intensa y que se ha inscrito en la estética y los modos de funcionamiento de las instalaciones de Georges Adéagbo[22]. Resulta evidente al contemplar estos contextos locales lo que su manera de trabajar le "debe" estética y conceptualmente a la cultura visual de Benín y de África Occidental. Estos contextos no suponen una dificultad para la interpretación, que sin un conocimiento profundo de ese trasfondo no tendría legitimidad alguna. Situar el contexto de Benín demasiado en primer plano desembocaría en atribuirle demasiado "exotismo" a la obra de Adéagbo, pero tampoco se pueden ignorar estas relaciones, porque por otro lado esto implicaría partir de una perspectiva demasiado "euro-centrista". Ya es hora de ampliar las perspectivas de análisis e interpretación.

1. Sólo Viktoria Schmidt-Linsenhoff ha tomado esto en consideración, otorgándole gran relevancia al "contexto estético en la producción de la metrópolis de Cotonú". Y ha establecido relaciones a partir de ese punto de partida. Schmidt-Linsenhoff, Viktoria: "Re-Lokalisierung des Ateliers. Zur Produktionsästhetik und Rezeption der Installationen von Georges Adéagbo", en: Diers, Michael; Wagner, Monika (eds.), *Topos Atelier. Werkstatt und Wissensform.* (Berlín: Akademie Verlag, 2010), pp. 151-173.

2. Sobre todo teniendo en cuenta que los contextos no pueden dividirse sistemáticamente en "africanos" de un lado y "europeos" de otro. Los espacios culturales no existen separados los unos de los otros, sino que se complementan.

3. Véase Ruthe, Ingeborg: "Der Präsident in der Zeitkapsel. Stipendiat Georges Adéagbo stellt in der daadgalerie einen afrikanisch-westlichen Diwan auf", en: *Berliner Zeitung*, N° 152 del 03-07-2007, p. 23; Busca, Joëlle: *Perspectives sur l'art contemporain Africain, 15 Artistes.* (París: Harmattan, 2000), p. 80; Carron, Natascha: "Galerie du jour, Agnès b. Paris. Group Show", en: *Flash Art*, vol. 30, 1997, N° 197, p. 79.

4. Cf. Martin, Jean-Hubert; Syring, Marie Luise; Luque, Aline, (et al.): *Altäre – Kunst zum Niederknien* (catálogo de la exposición, Museum Kunst Palast, Düsseldorf). (Ostfildern-Ruit: Hatje Cantz, 2001), p. 12.

5. Peltier, Philippe: "Altäre. Versuch einer Einführung", en: Martin, Jean-Hubert; Syring, Marie Luise; Luque, Aline, (et al.): *Altäre – Kunst zum Niederknien* (catálogo de la exposición, Museum Kunst Palast, Düsseldorf). (Ostfildern-Ruit: Hatje Cantz, 2001), p. 18.

6. Ibíd., p. 19.

7. El culto a la diosa Mami-Wata está muy extendido en África Occidental. Mami-Wata es una diosa del agua que suele representarse con cola de pez. Cf. Drewal, Henry John (ed.) *Sacred Waters. Arts for Mami Wata and Other Divinities in Africa and the Diaspora.* (Bloomington, Indiana: Indiana University Press, 2008).

8. Cf. Sobre la estética de la exposición de mercancías. Frick, Otto: "Werbung aus der Druckmaschine", en: Wendl, Tobias (ed.), *Afrikanische Reklamekunst* (Wuppertal: Hammer, 2002), p. 124, donde Frick compara la disposición de la mercancía con altares (de consumo).

9. Bio, Adamou: "Le marché Dantokpa. Un système de cultures religieuses et d'intégration régionale". http://www.afrique-gouvernance.net/fiches/dph/fiche-dph-34 5.html, Acceso el 07.08.2007.

10. Enwezor, Okwui: "The Ruined City: Desolation, Rapture, and Georges Adéagbo". En: *NKA – Journal of Contemporary African Art*, vol. 4, 1996, p.16.

11. Bourriaud, Nicolas: *Postproduction. Culture as Screenplay: How Art Reprograms the World*, (Nueva York: Lukas & Sternberg, 2002), p. 22 y ss.

12. Cf. Fürstenberg, Adelina von: "La paix dans le monde / Dialog des Friedens". Palacio de las Naciones, Ginebra, 1995, en: Eiblmayr, Silvia (ed.) *Georges Adéagbo. Archäologie der Motivationen – Geschichte neu schreiben - Re-writing history.* Galerie im Taxispalais, Innsbruck. Ostfildern-Ruit 2001, p. 38; Restany, Pierre: "La Biennale di Szeemann ha cambiato pelle", en: *D'Ars*, vol. 39, 1999, N° 158.

13. Bourriaud, Nicolas: Idem, p. 23.

14.* En francés en el original. (Nota de la edición).

15. Hannussek, Christian: "Cameroon. An emerging art scene", en: *NKA – Journal of Contemporary African Art*, 2001, N° 13-14, p. 101.

16. Ibíd.

17. Cf. sobre el concepto de las *contact zones*. Pratt, Mary Louise: Imperial eyes. Travel writing and transculturation. (Londres: Routledge, 2000), 2ª edición. 2008, p. 4.

18. Houénoudé, Didier M.; Schankweiler, Kerstin; Schmidt, Wendelin, (et al.): "Foyer des Arts. Über die 'Dak'Art' 2006", en: *Texte zur Kunst*, vol. 16, 2006, N° 63, p. 257.

19. Cf. Hannussek, Christian: "Aneignungen", en: *Recup - Vom Abfall dieser Welt, Ein Kunstprojekt zwischen Neukölln und Afrika*, (Berlín: Bezirksamt Neukölln, 2007), p. 14.

20. Vogel, Susan: "Introduction: Digesting the West", en: *Africa Explores. 20th Century African Art.* (Nueva York/Múnich: The Center for African Art and Prestel-Verlag, 1991), p. 23.

21. Ibíd.

22. Cf. Sobre el tema bricolaje. Lévi-Strauss, Claude: *El pensamiento salvaje*, (México: FCE, 1964).

Unknown Contexts
Visual Cultures and Art Histories of Benin

Kerstin Schankweiler

Georges Adéagbo lives and works in Cotonou in the Republic of Benin, West Africa, where he was also born and raised. Does one have to know this place in order to understand his art?

This question is not only relevant to Adéagbo's work, but also—in light of the globalization of the art system from the 1990s onwards—concerns those artists who exhibit their works in locations far removed from where they were created. Many countries of the global South lack the infrastructure of an art system with potential exhibition locations, galleries, collectors and art criticism. Therefore they have to resort to showing their works primarily in the "West." This applies despite the decentralization of the art system and the dissolving of the dichotomy of center and periphery due to the "biennialization" of the exhibition business and the fact that established large-scale exhibitions (Documenta, Venice Biennial) now include contemporary artists from the "South" and the "East." The question of disproportionate possibilities and power structures in the exhibition business remains relevant. And there is also the question of an appropriate contextualization for contemporary non-European art. It is apparent that "Western" art criticism is hardly aware of the visual cultures of the South that have impacted the aesthetics of the production of these works.

The reception of Adéagbo's work is exemplary for its ignorance of "other" places of production. So far his works have not been placed in the context of a history of the art of West Africa or Benin.[1] One does not necessarily have to have visited Cotonou in order to be able to understand Adéagbo's works. Art generates a meaning in the eye of the beholder in the location where it is shown—independent of where it comes from and who has created it. Moreover, Adéagbo furthers the respective understanding of his works through his site-specific approach: He always integrates objects he has found in situ into his multifaceted installations, thus making it easier for the visitors of his exhibitions to recognize and place them. Nonetheless, in Cotonou, in their primary place of production, to which Adéagbo always returns in preparation for his exhibitions, the works produce *other* meanings. These are not necessarily more apt or meaningful, but the widespread European ignorance of Cotonou, his workplace—with all the links to his working method and the specific appearance of the installations—is symptomatic. It emphasizes that cultural hierarchies still exist: art critics simply do not know these places, their visual culture, or cultural history. This ignorance does not even seem objectionable; it is just not considered to be particularly relevant.

For this reason it is important to emphasize the relevance of the Benin location to Adéagbo's specific aesthetics and the conception of his art, and to show that, by being aware of this context, his works can be categorized more adequately and their interpretation can be enhanced through valuable perspectives and references.

In the following I shall introduce some aspects of the art and culture of his country of origin that form the visual disposition of his work. To this end I will use three contexts that I consider to be of particular importance to his conceptual approach and the aesthetic premises that underly his installations: altars, markets, and the phenomenon of *récupération*. It is important to stress that with the focus on local contexts, the country of Benin is not meant to be construed as a seemingly "authentic" location for Adéagbo's works, or as the only relevant one. But not to consider it at all would be equally problematic.[2]

Altars

The layouts of Adéagbo's installations are often reminiscent of altars, as reviewers occasionally notice.[3] This applies especially to those areas where objects seem particularly exposed, for example emphasized by means of pedestals or marked and demarcated by a rug on the floor, or additionally accentuated by a painting on the wall (p. 51). Because Adéagbo also integrates ritual objects—figures of saints for example (p. 53)—viewers can create links to religious practices. Additionally, various religions are thematized in his writings or in books he exhibits.

For a discussion about the boundaries between religion and art or aesthetics, a comment by Jean-Hubert Martin, who acknowledges the affinity between altars and contemporary art, proves insightful: "From a formal and methodological point of view altars and contemporary art installations are comparable. In both, objects are arranged in a space in such a way that they make sense. The differences lie in the sphere of purpose, the freedom of the artist and the group of recipients."[4] Adéagbo's installations are not altars in the original sense, nor do they share their function, but here we are talking about precisely this methodological and formal level. The creation of an altar can be described as the constitution of a space. An altar is "an object or an accumulation of objects with the help of which the believers enter into contact with the powers which protect them. [...] This space defines a world outside the world, one where the relationship between objects might be artificial, but not coincidental. Or, to put it differently: Creating an altar

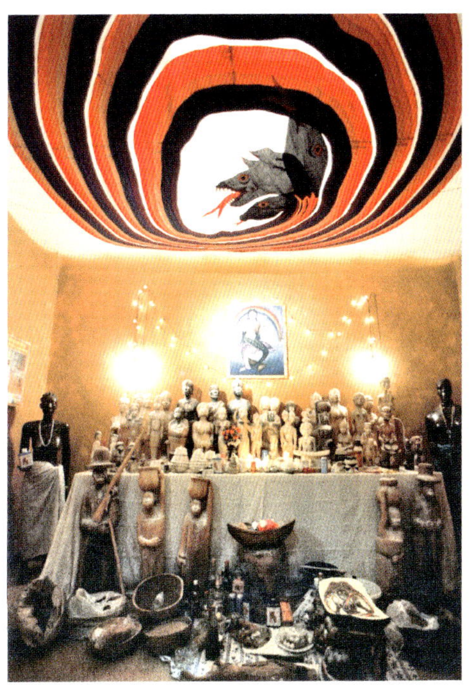

Mami Wata altar, 1995-1999, Soul of Africa Museum, Essen

initially implies creating a network, a symbolic system of references which is beyond conventional logic [...]."[5]

In its systematic composition Adéagbo's network of objects follows a comparable methodical principle. He, too, creates a system of references between objects that is subject to his own logic and constitutes a densely interconnected space. Philippe Peltier further emphasizes the "remarkable ability of the altars to integrate new objects and to restructure the network of symbolic relationships according to the circumstances and the life story of each person."[6] Many forms of altars incorporate mundane objects which, within the composition, are endowed with a heightened religious, ritual, or cultic meaning. Adéagbo's compositions of objects also prove to be extremely adaptive to new locations, circumstances, and contexts, and boast a high integrative potential. Found objects from the roadside are as much part of the system as are seemingly "more valuable" or more symbolic objects. All objects are relieved of their former function and meaning and allocated new meanings, which are determined by their place in the installation's arrangement.

While the principles of integration, interconnectedness, and spatial constitution more or less apply to altars in general, West African examples have a specific aesthetic of their own with regard to the arrangement of the objects, something which is also characteristic of Adéagbo's installations. A Mami Wata altar[7] from Benin illustrates the visual concept (p. 67). As in Adéagbo's works, the Vodun altar combines different objects which, to a degree, stem from everyday life: a multitude of wooden figures, jars, bowls, bottles, flowers, textiles, and sacrificial offerings are arranged around a picture at the center, which shows the goddess Mami Wata and which has been painted in the style of sign paintings (like, incidentally, the paintings Adéagbo uses—another part of Benin's history of art which is hardly taken into account in the reception). It structures and interweaves the arrangement as all other objects relate to this depiction of the goddess to whom the altar pays tribute. Many of the figures stand on a table, but objects are also arranged on the floor in front of it and, in some cases, laid out on a rug. This gives the arrangement a sprawling propensity and makes it hard to clearly delineate it. The altar takes up the entire room and shapes it with a wealth of objects. Adéagbo's artistic working method corresponds to the visual strategies and the way this altar functions, with its integration and interconnection of heterogeneous objects and the constitution of its own system as well as the way it shapes the space. Adéagbo's aesthetics of arranging objects follow a similar pattern; for his composition he also makes use of all available spaces, uses rugs to demarcate, and creates a meaningful space whose density and complexity is established, above all, by the large number of objects, their heterogeneity, and also their relationships. The compositions are also similar in the way the objects are angled towards the viewer. In Adéagbo's case, however, there is not just one center with a meaningful object; rather we often find several of these units and numerous junctions. In this way the spatial structure appears decentralized and not focused on one grouping or one object—instead these tie in with the installation as a whole.

The way in which Adéagbo combines elements drawn from different religions gives his compilations a syncretistic and culturally relativistic character. In any one installation we can find, at the same time, a Christian statue, a statue of Buddha, or West African sculptures for ritual use. The global mobility of religious, cultic symbols and practices becomes evident in the installations, likewise the certainty that cultural exchange sparks processes of Creolization. Especially in South America and West Africa there are cults that combine Christian ideas with Vodun traditions—amalgamations that stem from the slave trade on the one hand and, on the other hand, from the efforts of missionaries during the colonial age and which are still practiced today. Adéagbo appropriates these combinations of different religious symbols for his aesthetic practice of cultural transfer. In his case, however, the symbols are not integrated in their function as objects of worship and are not meant to give rise to rituals. Rather, the religious and cultic objects refer to those cultural practices and values that Adéagbo combines and compares. For this reason he mixes them with the most varied objects that are part of a context of religion, philosophy, and cult, and which form a kind of meta level. The secondary literature on religions and cults, which Adéagbo often integrates, functions as a level for reflecting cultural phenomena and ideas, and enhances the analytical aspect of the installations which instigates culturally relativistic considerations.

Mercado de Dantokpa, Cotonú, Benín, 2006 / Dantokpa Market, Cotonou, Benin, 2006

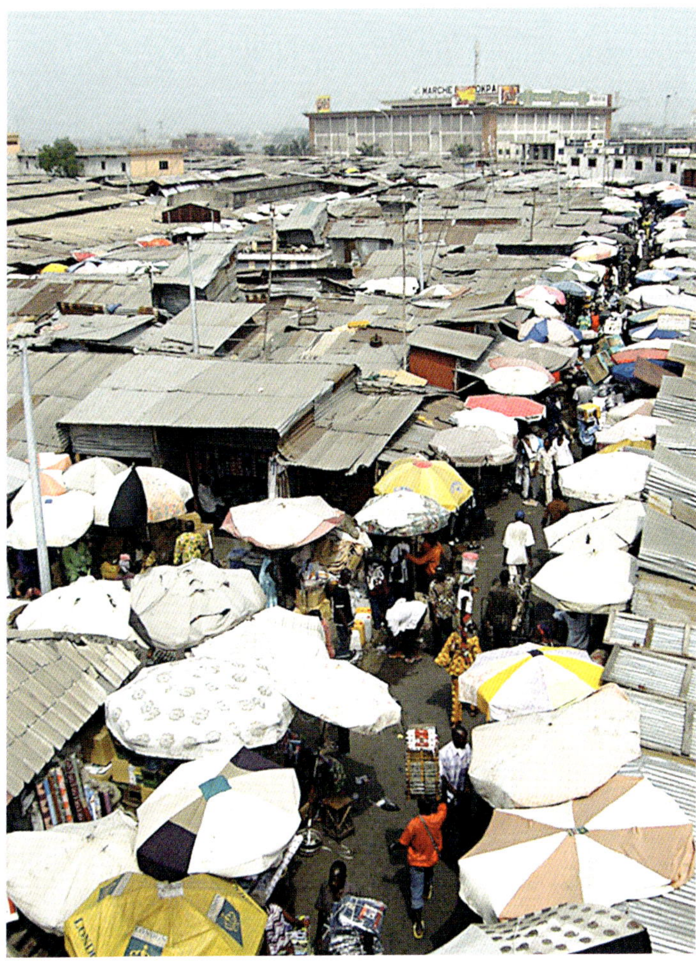

Markets

Street markets are a characteristic feature of many metropolises in West Africa—also in Adéagbo's hometown Cotonou—whose roads are lined with market stalls. Not only do markets govern the economic system of the cities, they are also an influential visual model of everyday culture. The goods are artfully piled up on the stalls and arranged elaborately; great importance is placed upon a special presentation of the goods for sale (p. 77). These stalls boast an installational character and aesthetic qualities that are taken up by the practices of contemporary art.[8] The aesthetics of Adéagbo's works are indeed reminiscent of West African markets, as exemplified by Dantokpa Market in Cotonou (p. 69).

With an area of approximately 18 acres, the Dantokpa Market on Boulevard Saint Michel, which has been flourishing since the 1960s, is the largest open-air market in West Africa and, in itself, constitutes a kind of "mega-installation" (p. 70). A staggering range of products is on offer (pp. 55, 77); one can buy almost anything there, from groceries to fabrics, baskets, jewelry, and electric appliances all the way to sacrificial offerings for ritual practices. The countless stalls on the large market area are temporary constructions with no fixed place. In part, there are boxes that have been constructed using the most diverse materials. Many are covered with corrugated iron, giving them the appearance of small boutiques. Live animals are sold out of straw huts. Many traders, however, offer their wares on market stalls and, as most of these cannot be locked, everything has to be set up and taken down every day. In addition to this, the market is populated by traders who have not rented a stall but carry their wares with them, mostly on their heads. They walk around the market area and the adjacent streets like "mobile sale units."

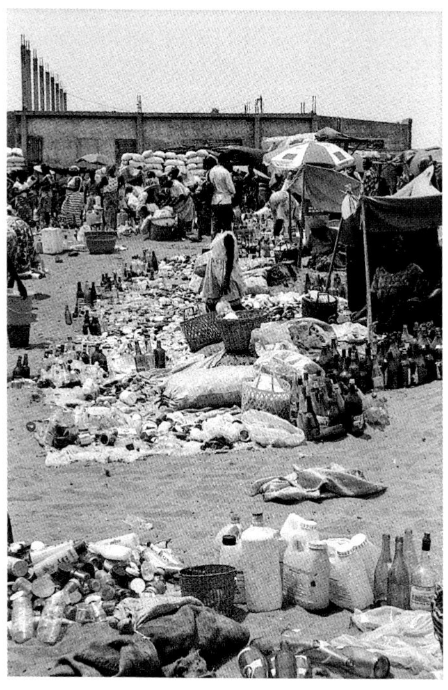

Mercado de botellas vacías, latas y otros envases, Lomé, Togo, 2001 / Market for empty bottles, cans, and other containers, Lomé, Togo, 2001

Dantokpa is a confusing labyrinth of market stalls, people, and goods. The daily setting up and taking down of the stalls, their temporary and flexible nature, and the careful arrangement of the objects as an effective mode of presentation is strongly reminiscent of Adéagbo's artistic practice: On the veranda of his house in Cotonou he installs heterogeneous objects every day (and takes them down again in the evening). Adéagbo's compilations have an aesthetic affinity with the markets—also due to the variety of the visual offerings that distract the eye or constitute a partial sensory overload.

Adéagbo's practice of cultural transfer, the transport of objects from Benin to the exhibition locations and back again, ties in with the intercultural aspect of Dantokpa, which is a kind of "transcultural hub" of the region. The market is known way beyond the boundaries of the country and attracts many visitors. Traders, from Benin and also from the surrounding countries, offer their wares there. "Ceci permet à ces acteurs de 'frotter' leur expérience et leur 'savoir-faire.' C'est donc un model d'intégration économique et régional."[9] As an intercultural meeting point Dantokpa is a place of exchange—not only of goods but also of languages, customs, sales strategies, and cultural practices. The various players in the market as well as the countless producers constitute its diversity and a kind of collective authorship.

In a similar fashion, Adéagbo, in his artistic practice of cultural transfer, brings together objects from different regions and cultures with their various producers in a single "marketplace" and offers them up to viewers to behold. The aesthetic and conceptual proximity of Adéagbo's works to West African markets has also been noted by Okwui Enwezor who, owing to his familiarity with African cities, recognized it immediately: "The African marketplace: as pure contingency, as a perpetual site of accumulation and consumption, dissipation and collocation, mercantile exchange and cultural entropy is the same sensibility which Adéagbo's installations both suggest and replicate."[10] Reviewers lacking local knowledge, on the other hand, do not pay any attention to this obvious analogy and ignore the visual cultures of West Africa as an important context for the process of creating contemporary art, which transforms cultural practices into artistic ones.

Outside Africa, however, artists take up similar visual models. Art theoretician and curator Nicolas Bourriaud has identified the flea market as the omnipresent reference for artistic practices of the 1990s.[11] Adéagbo's installations are frequently associated with these flea markets[12] and Bourriaud also cites them as an example to back his thesis. Adéagbo does indeed have an affinity for flea markets: They are a welcome treasure trove for his installations, which is why he likes visiting them in European cities to find used objects for his work. Many of the implications in connection with the flea markets resemble those I have previously described for Dantokpa: arrangement of the objects, recycling, heterogeneity of materials, ephemerality, collective "authorship"—these aspects are important with regard to both European and African markets. But Bourriaud assumes further that the aesthetics of the flea market are turning against the immateriality of the virtual worlds, which are steadily increasing in importance.[13] Bourriaud considers the peripheral phenomenon of the flea market as a kind of retreat from the disembodiment of the Internet, which is what makes it tempting as an aesthetic model for contemporary artists. In contrast to online shopping, the buyers at a flea market can experience and examine the materiality and feel of the items for sale. In contrast to aseptic, virtual spaces, whose worlds of images are always subject to the suspicion of digital manipulation, the dust of the road and the charm of second-hand objects are not only aesthetically appealing but also more authentic. But is that also a central aspect for Adéagbo? The virtuality of the Internet currently plays a minor role in West Africa. Admittedly there are highly frequented public Internet cafes in the cities, as only few people have a computer or Internet access at home. Internet shopping, however, is not common. For Adéagbo, who does not own or use a computer, the Internet is an entirely marginal phenomenon. On top of this, West African markets (other than by tourists) are not at all subjected to some romantic notion where shopping at the market constitutes a welcome change or is a thing one does in one's spare time on a Sunday. To the contrary, they are an everyday occurrence and omnipresent.

Bourriaud's remarks on the flea market as a paradigm of installational art in the 1990s, and his quoting Adéagbo as an example, are revealing: It shows how well Adéagbo's works, despite not possessing the implication of materiality versus virtuality in the West African context, can be "incorporated" into existing European art trends or are able to tie in with them. Thus can the aesthetics of Adéagbo's combinations of objects, for example, be compared to installations by Thomas Hirschhorn or Jason Rhoades, both of whom Bourriaud cites as further examples. For viewers in Europe, Adéagbo's works, during a time of Internet dominance, can, precisely due to their rejection of new media, satisfy the need for a new haptic accessibility of things—despite the fact they were not created based on this principle. Nonetheless, it is important not to ignore the cultural difference of the context of creation in Cotonou and to refer to the contextually based changes in interpretation.

Récupération

The concept of *récupération* plays an important role in many of the art scenes in Africa and is of eminent importance for Benin's history of art. The expression *récupération* indicates processes of recycling—use and appropriation for one's own means. *Récup*-art as an art movement describes the practice of re-using found and used objects in sculptures or assemblages. "But it also refers to the stance taken towards images, painting traditions, and symbols, and the work the artist does in bestowing these objects with new meaning."[14] As an "approach" and a way of dealing with images, objects, and practices, *récupération* also implies a conceptional method of attributing meaning. The same applies to Adéagbo: He "recycles" all kinds of materials, often objects thrown away by others, to which he attributes value as part of his artistic practice and gives them new meanings.

We do not just encounter *récupération* in art but also in widespread cultural techniques of everyday life. Old car tires are turned into sandals, tins into jewelry (mostly for tourists), packaging is used to insulate living quarters or roofs, etc.—*récupération* constitutes an entire small industry. Often this concerns consumer articles that have already been dropped from the economic cycle of the affluent industrialized countries and subsequently flood the African market. They are transformed in a creative way and utilized for new purposes. By being used in this fashion the materials tell stories—of their provenance, their mobility and journey, their previous use and so forth—in marked contrast to industrially recycled materials that are turned back into smooth, clean, and "faceless" raw material. "Recycling or *récupération* is a central African cultural activity; this digestion process of foreign waste must be seen as formative of cultural identity."[15]

On the streets of Cotonou one encounters vehicles that have long been scrapped in Europe or no longer deemed roadworthy, with European company logos and sometimes without windows, wing mirrors, or seatbelts. In Cotonou they are turned into taxis or transport for groceries, building materials, furniture, etc., piled meter-high on their roof. Thus *récupération* is also a phenomenon of the *contact zone*,[16] where culturally different concepts of materiality—often in very asymmetrical relationships of dominance and submission—converge and interact. In Benin, one is less ready to consider such items "rubbish." Thanks to the social "art of improvisation of deficiency and bricolage when dealing with things"[17] they remain part of the economic and cultural cycle for a longer period. This phenomenon is related to deficiency; in the reality of the African metropolises, however, it rarely has this implication and rather is a source of high creative potential. Without wanting to romanticize the state of poverty, it betrays a kind of appreciation with regard to these objects.

The fragmentary character and the centrality of the object in many *récup*-works further hints at their proximity to fetishes, the magical charging of inanimate objects, or the cult of relics, where things or fragments of things epitomize or incorporate something holy, magical. And therefore it does not surprise us that this art movement plays an important role,[18] above all in countries such as Benin and Cameroon where religions like Vodun are highly significant. The works of art should not, however, be confused with fetishes in the cultic sense—just as they are not actually recycled objects for everyday use—but rather examinations of social and cultural practices and the way society treats objects.

Hence *récup*-art refers to an everyday culture of objects and their changeability and functional potential as it is carried out and appreciated within society. At the same time, transcultural processes and interwoven structures (of trade in goods, of [colonial] history, etc.) play a part. This transcultural aspect of *récupération* concerning the use of "alien" consumer goods is also central to Adéagbo's work, for not only does he appropriate objects of his "own" culture but also of "other" cultures, whereby he is interested in precisely these interwoven structures and stories.

One could also place Adéagbo's approach in the context of conceptual object art in Europe since Marcel Duchamp and the introduction of *objets trouvés*, but the use of objects of everyday life and used materials in *récup*-art is less about vanitas and the poetry of the ephemeral or an eradication of the concept of art and the concepts of authorship in the way they are normally associated with a readymade. The connection between art and society, in the way that object art wished or wishes to re-establish, is original to *récupération*.

Therefore, depending on the context, there is a shift in the meaning of the installations. Nonetheless, the different concepts, which are not intended to be static but rather dynamic and convertible, also overlap. If *récup*-art, for example, is produced explicitly for the "Western" market, it can also be critical of the system and allude to the fact that Europe—to put it boldly—dumps its rubbish in Africa (and sells its consumer goods) which now, as *récup*-objects, are returned in a transformed and economized form.

The Aesthetics of Bricolage

Susan Vogel has referred to the special aesthetics of art from Africa as it has become apparent in the twentieth century: "African art [...] became less definitive in its attitude, less unified in its composition, and more visually complex. Many works became heterogeneous in manufacture and in effect: where earlier sculptures might have been carved from a single piece of wood, new works began to be made of miscellaneous ersatz materials, often from disparate sources, combined in visually and sometimes physically unstable compositions. [...] The compositions of late-twentieth-century art sometimes look fragmentary [...]."[19]

The three areas of Benin's culture outlined here—altars, markets and *récupération*—directly tie in with Vogel's observations, just like Adéagbo's installations themselves. The three contexts for Adéagbo's work were examined predominantly as aesthetic and conceptual phenomena. Following similar principles, they are characterized by reciprocal references. These cultural characteristics are closely related, as they are all distinguished by the installational combination of objects drawn from different contexts and organized afresh. In the case of altars and *récupération*, this additionally concerns a completely new contextualization of objects that were formerly placed in a different context and which are now being reinterpreted. The example of *récupération* in particular highlights how deeply the culture of everyday life and its aesthetics are interwoven with the visual arts.

In conclusion, one can speak of the aesthetics of bricolage that is virulent in Benin (and other parts of Africa) and has become part of the aesthetics and workings of George Adéagbo's installations.[20] When taking a look at these local contexts, it becomes apparent that his working method has been aesthetically and conceptually "guided" by the visual culture of Benin and West Africa, which is an important resource for Adéagbo's art. Yet these contexts do not constitute the "one and only viewpoint" for the reception which, without the knowledge of this background, would have no legitimization. To put too much emphasis on the contexts of Benin would be to exotify Adéagbo's work. Nonetheless, this connection should not be ignored, as this would be in keeping with the still-widespread Eurocentric perspective. It is high time that this gave way to a differentiated point of view.

1. Only Viktoria Schmidt-Linsenhoff has highlighted the "production-aesthetic context of the West African metropolis of Cotonou" as extremely important. For compiled references see Schmidt-Linsenhoff, Viktoria: "Re-Lokalisierung des Ateliers. Zur Produktionsästhetik und Rezeption der Installationen von Georges Adéagbo" in Diers, Michael; Wagner, Monika (eds.), *Topos Atelier. Werkstatt und Wissensform* (Berlin: Akademie Verlag, 2010), pp. 151-173.

2. Further, the contexts cannot be grouped as either "African" or "European." Cultural spaces do not exist separately from one another but have already been interpenetrated.

3. Cf. e.g. Ruthe, Ingeborg, "Der Präsident in der Zeitkapsel. Stipendiat Georges Adéagbo stellt in der daadgalerie einen afrikanisch-westlichen Diwan aus" in *Berliner Zeitung*, ed. 152 from 3 July 2007, p. 23; Busca, Joëlle, *Perspectives sur l'art contemporain Africain. 15 Artistes* (Paris: Harmattan, 2000) p. 80; Carron, Natascha "Galerie du jour, Agnès b., Paris. Group

Show" in *Flash Art*, vol. 30 (1997), iss. 193, p. 79.

4. Martin, Jean-Hubert "Altäre" in id.; Syring, Marie Luise; Luque, Aline et al. (ed.) *Altäre – Kunst zum Niederknien*, exhibition catalogue, museum kunst palast, Düsseldorf (Ostfildern-Ruit: Hatje Cantz, 2001) p. 12.

5. Peltier, Philippe "Altäre. Versuch einer Einführung" in Martin, Jean-Hubert; Syring, Marie Luise; Luque, Aline et al. (ed.) *Altäre – Kunst zum Niederknien*, exhibition catalogue, museum kunst palast, Düsseldorf (Ostfildern-Ruit: Hatje Cantz, 2001) p. 18.

6. Ibid., p. 19.

7. The Mami Wata cult is widespread in West Africa. Mami Wata is a water goddess who is mostly depicted with a fishtail. On Mami Wata cf. eg. Drewal, Henry John (ed.) *Sacred Waters. Arts for Mami Wata and Other Divinities in Africa and the Diaspora* (Bloomington: Indiana University Press, 2008).

8. On the aesthetics of the presentations of the goods for sale cf. Frick, Otto "Werbung aus der Druckmaschine" in Wendl, Tobias (ed.), *Afrikanische Reklamekunst* (Wuppertal: Hammer, 2002) p. 124. Frick compares the presentation of the goods with altars (of consumerism).

9. Bio, Adamou, Le marché Dantokpa. Un système de cultures religieuses et d'intégration régionale. http://www.afrique-gouvernance.net/fiches/dph/fiche-dph-345.html, accessed on 7 August 2007.

10. Enwezor, Okwui "The Ruined City: Desolation, Rapture, and Georges Adéagbo" in *Nka – Journal of Contemporary African Art* (1996), vol. 4, p. 16.

11. Bourriaud, Nicolas, *Postproduction. Culture as Screenplay: How Art Reprograms the World* (New York: Lukas & Sternberg, 2002) p. 22ff.

12. Cf. e.g. Fürstenberg, Adelina von, "La paix dans le monde / Dialog des Friedens," Palais of the United Nations (Geneva, 1995). in Eiblmayr, Silvia (ed.) *Georges Adéagbo. Archäologie der Motivationen – Geschichte neu schreiben* (Ostfildern-Ruit: Hatje Cantz, 2001), p. 38; Restany, Pierre, "La Biennale di Szeemann ha cambiato pelle" in: *D'Ars*, vol. 39. (1999), issue 158, p. 6.

13. Bourriaud, Nicolas, idem, p. 23.

14. Hannussek, Christian, "Cameroon. An emerging art scene" in *Nka Journal of Contemporary African Art* (2001) iss. 13/14, p. 101.

15. Ibid.

16. On the concept of contact zones cf. Pratt, Mary Louise, *Imperial Eyes. Travel Writing and Transculturation* (London: Routledge, 2000) p. 4.

17. Houénoudé, Didier M.; Schankweiler, Kerstin; Schmidt, Wendelin, et al., "Foyer des Arts. Über die 'Dak'Art' 2006" in *Texte zur Kunst*, vol. 16. (2006), iss. 63, p. 257.

18. Cf. Hannussek, Christian, "Aneignungen (Appropriations)" in *Recup - Vom Abfall dieser Welt, Ein Kunstprojekt zwischen Neukölln und Afrika*, (Berlin: Bezirksamt Neukölln, 2007,) p. 14.

19. Vogel, Susan, Introduction "Digesting the West" in *Africa Explores: 20th-Century African Art* (New York/Munich: Prestel-Verlag, 1991) p. 23.

20. On the concept of Bricolage cf. Lévi-Strauss, Claude, *Das wilde Denken* (Frankfurt am Main: Suhrkamp, 2009) [French original edition 1962].

Puesto de menaje para el hogar en un mercado de pueblo, África, 2001 / Stall with household goods in a village market, Africa, 2001

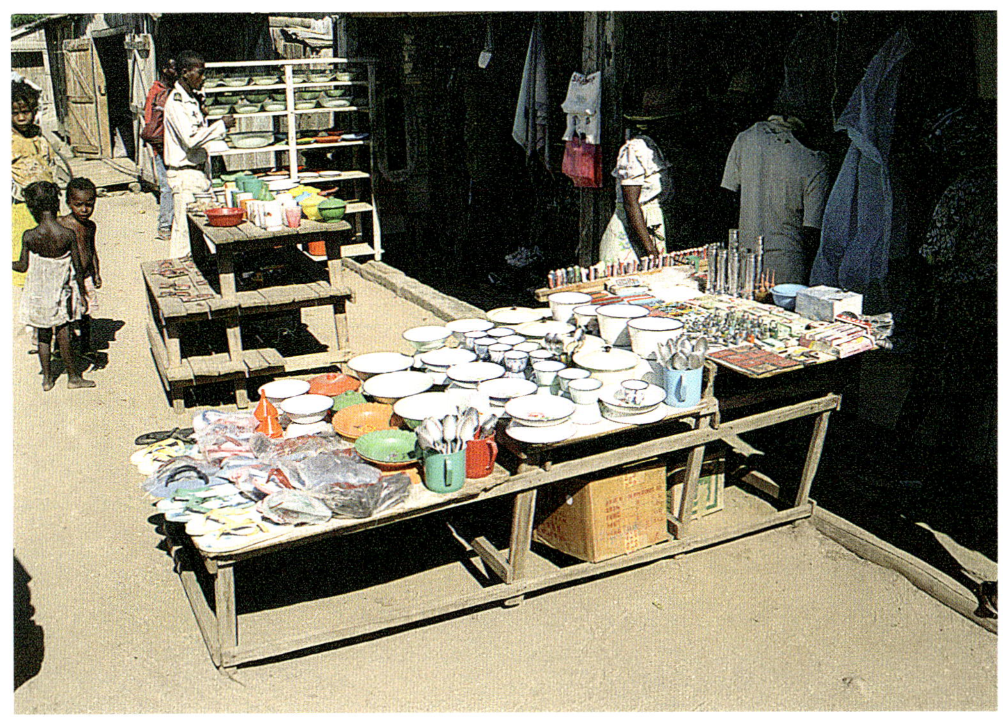

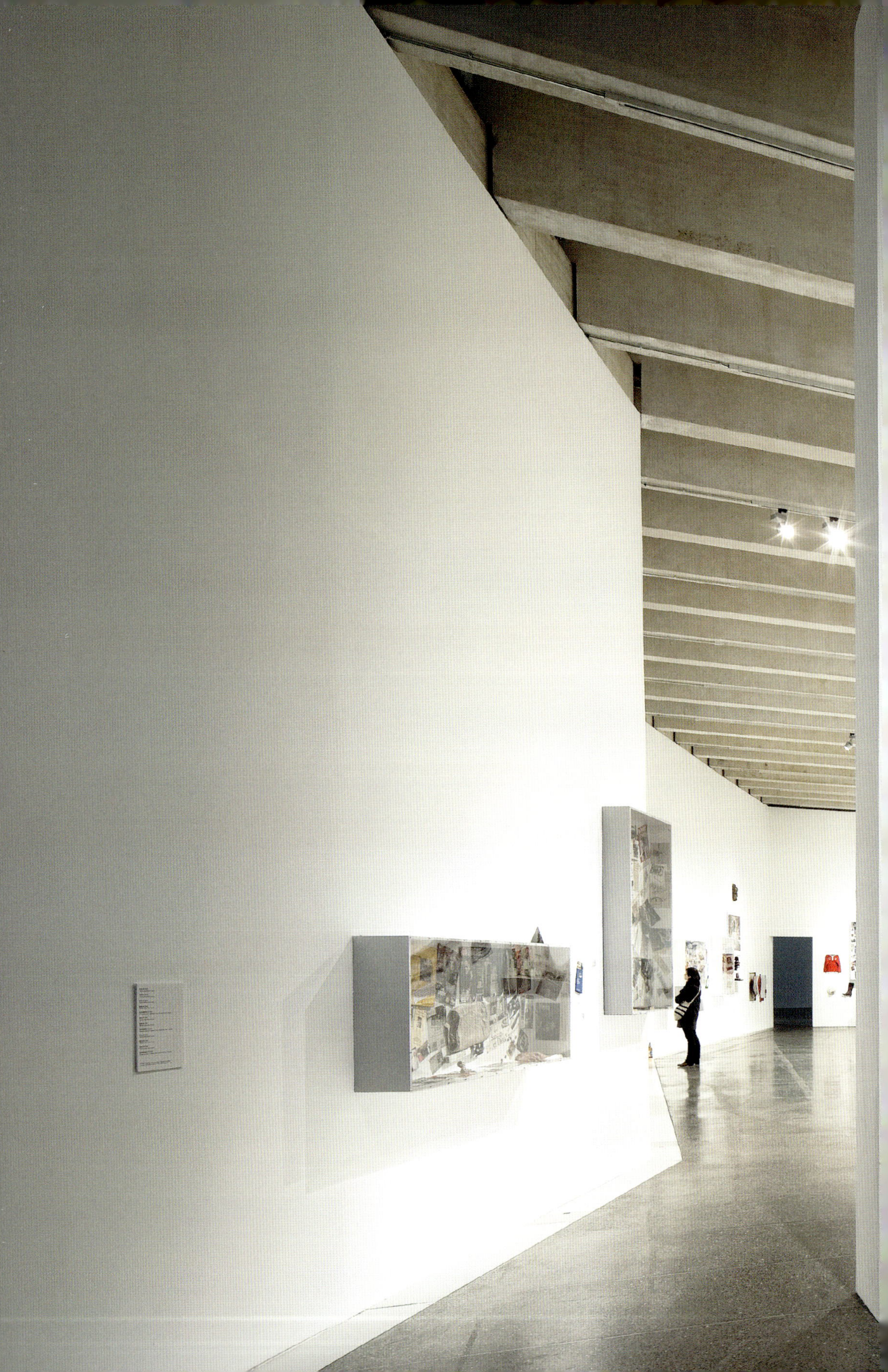

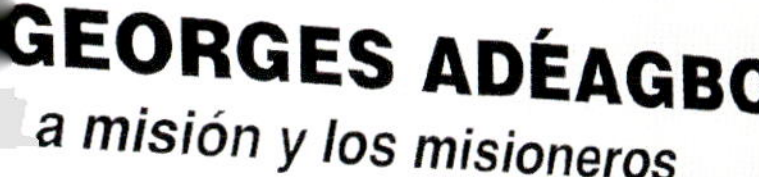
GEORGES ADÉAGBO
a misión y los misioneros

l complejo archivo de "ensamblajes" que Georges deágbo lleva más de 30 años recopilando se empezó desarrollar cuando abandonó Francia, donde estaba ursando estudios de Derecho y Empresariales. El llecimiento de su padre en 1971 le obligó a regresar a enin y al poco tiempo, en 1973, comenzó a elaborar nstalaciones" en el patio de su casa en Cotonou epudiado por la familia, Adéagbo trabajó sumido en el islamiento durante más de dos décadas, hasta que el sistente de un comisario francés llegó por error a su asa mientras buscaba a otro artista.
l método de trabajo de Adéagbo se basa siempre en la elección y combinación de objetos, fuentes de nformación y referentes, que pueden incluir escultura, intura, objetos encontrados, sus propias notas anuscritas, textos, libros, revistas, fotos y textiles que ncarga, colecciona o se encuentra en Cotonou, donde ive y trabaja, y en los alrededores de los lugares donde resenta sus exposiciones. Una vez decidido el tema de a exposición, el artista se pasa meses investigando en u archivo. En este caso, Adéagbo ha querido oncentrarse principalmente sobre el complejo tema de a misión y los misioneros abordándolo tanto a partir de u propia experiencia personal y profesional, como a ravés de la Historia y la religión, sus relaciones y ontradicciones, sus repercusiones y sus ransformaciones.
Sin embargo, su obra no trata tanto de la pluralidad de objetos y textos como de los problemas, complejidades y negociaciones de la acumulación y el consumo, las traducciones y transformaciones, relaciones, proximidades y desplazamientos de estos objetos y textos. Si bien Adéagbo es perfectamente consciente de la naturaleza específica de los objetos y elementos diversos que emplea en sus "ensamblajes", éste efectúa una transformación general al colocarlos en nuevos contextos, estableciendo nuevos marcos de referencia y ofreciendo una narrativa diferente. Su "archivo" de textos y objetos recuperados y seleccionados se encuentra en un estado de perpetua traducción y transformación.
Las relaciones entre los objetos y demás elementos empleados por el artista, se basan en un planteamiento o idea en virtud de la cual la "diferencia" no tiene que ver tan sólo con lo que encaja en la percepción que tiene cada cual de lo que es autóctono o extranjero, de aquí o de fuera. La diferencia surge de la difuminación de las fronteras, de la proximidad entre los objetos, en el punto en el que estos procesos espaciales y temporales se convierten en marcos de interpretación desde una óptica estética, política o ética. Como resultado y mediante la creación de una tupida red simbólica de acontecimientos, Adéagbo ilustra la universalidad de las leyes de la naturaleza que rigen la vida en todas partes, al tiempo que revela la diversidad de condiciones existentes en un emplazamiento dado.
Octavio Zaya
The Mission and the Missionaries
Octavio Zaya

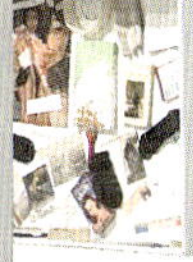

→" la route de l'art : l'art qui est
la religion parlant du spiritualisme
et faisant voir l'esprit"..! Ma
personne de Georges Adéagbo parlant
avec Silvana Moï Verchaux épouse
de Jean-Luc Verchaux,
dire à elle Silvana Moï", pour toujours
que ma personne de Georges Adéagbo
est dure envers soi-même
raison pour laquelle, ma personne
de Georges Adéagbo est dure, envers
les autres : la route de l'art,
la route de l'esclave (les personnes
qui n'étaient pas persévérantes pour
n'être pas courageuses, et pour se
jeter dans la mer, pour se voir avec
la mort, et mourir, mais les personnes
qui étaient persévérantes pour être
courageuses, et pour ne se jeter pas
dans la mer, pour être en vie et
vivent) ..!

"¡El camino del arte: el arte que es la religión que habla del espiritualismo y que muestra el espíritu..!" Mi persona de Georges Adéagbo hablando con Silvana Moï Virchaux, esposa de Jean-Luc Virchaux para decirle siempre a ella, Silvana Moï Virchaux, que mi persona de Georges Adéagbo es dura consigo misma, razón por la cual mi persona de Georges Adéagbo es dura con los otros: ¡el camino del arte, sobre el camino del esclavo (las personas que no eran perseverantes para no ser valientes, y para lanzarse al mar, para verse con la muerte y morir, pero las personas que eran perseverantes para ser valientes, y para no lanzarse al mar, para estar vivo en vida)..!

"The path of art: art that is religion that speaks of spirituality and shows the spirit"..! Myself, Georges Adéagbo, speaking to Silvana Moï Virchaux, wife of Jean-Luc Virchaux, to tell her always, Silvana Moï Virchaux, that I myself, Georges Adéagbo, am hard on myself, which is why I myself, Georges Adéagbo, am hard on others: the path of art, on the path of the slave (the people who were not perseverant in order not to be brave, and to throw themselves in the sea, to see death and die, but the people who were perseverant to be brave, in order not to throw themselves into the sea, to be alive in life)..!

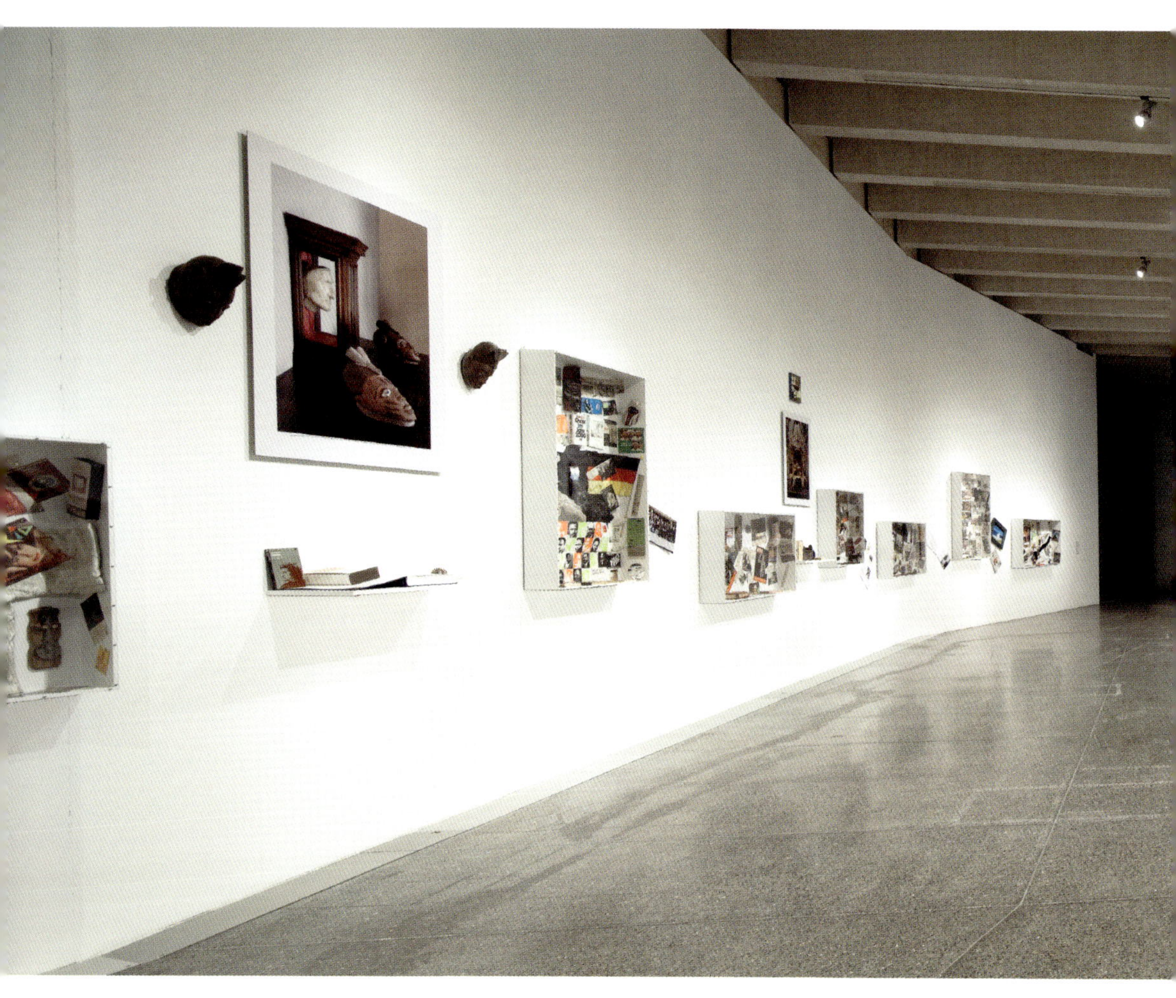

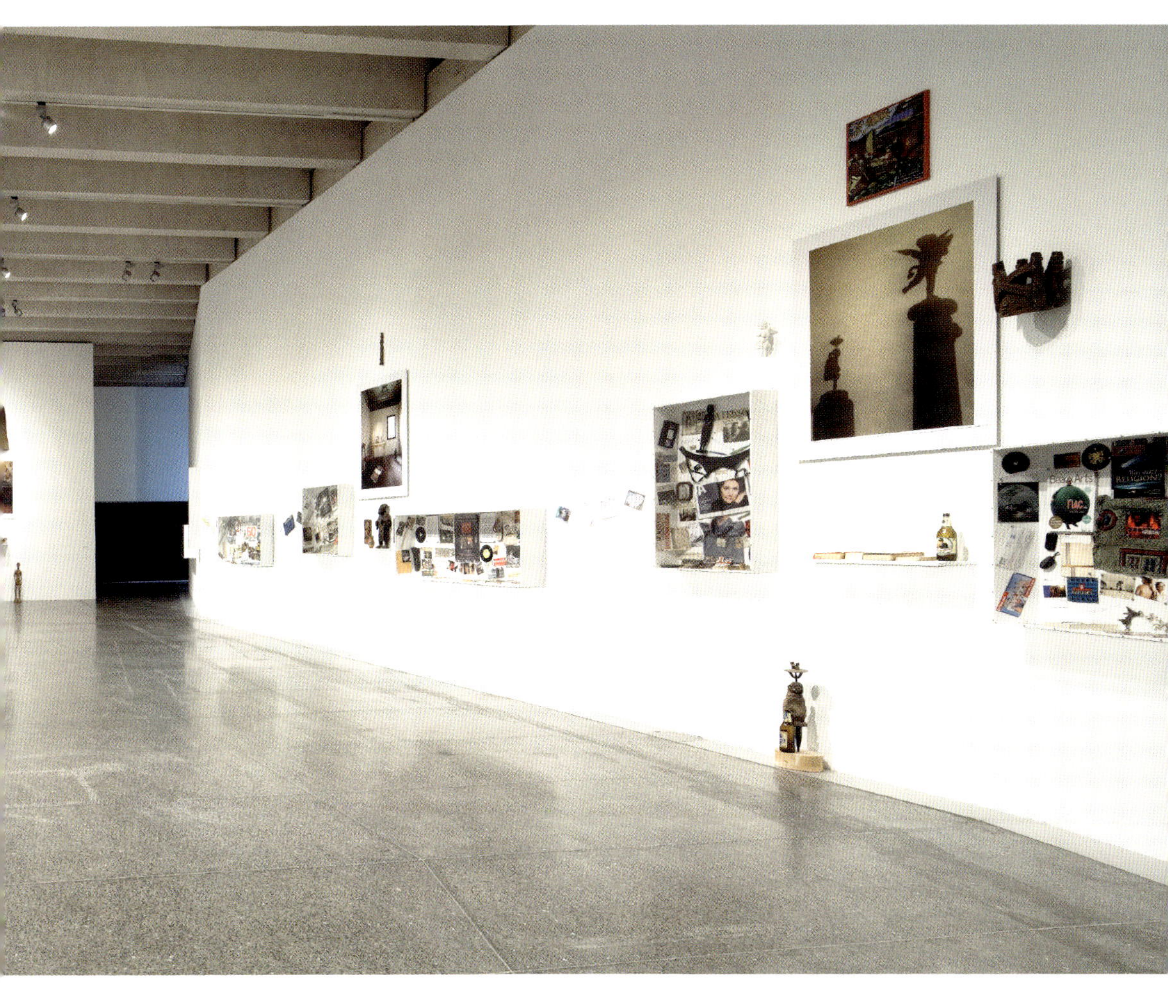

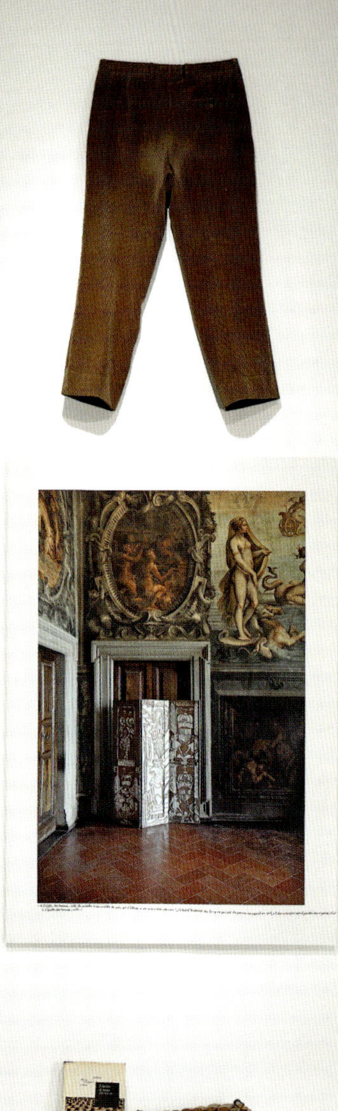

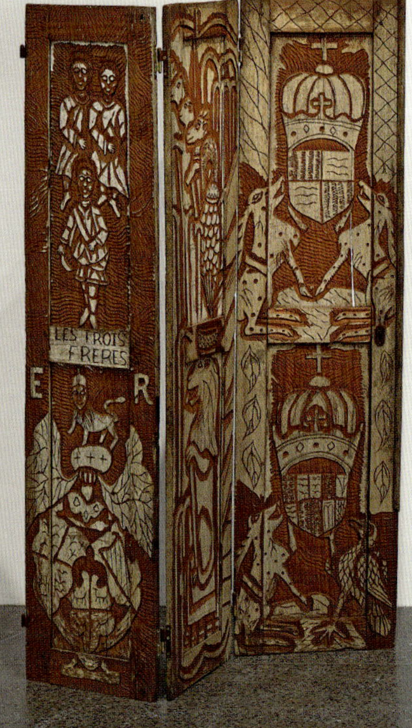
LES TROIS
FRERES
E
R

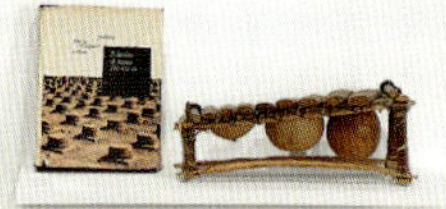

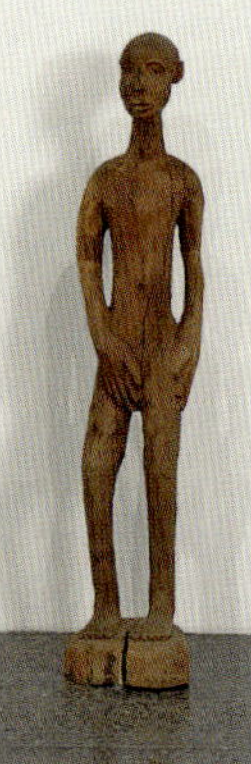

→" L'art et l'art : respectes-moi, ne se
dit pas, et ne se demande pas, à venir
me respecter, parce que je mérite respect,
et tu dois me respecter, pour toujours
prendre naissance de quelque chose"..
! faisant cela, pour ne savoir pas et ne
comprendre pas ce que signifie, et veut dire
cela que je fais, sa personne est venue voir
ce que j'ai fait, pour me dire que je fais
de l'art...!

"¡El arte y el arte: respétame, no se dice, y no se pide, a venir respetarme porque merezco respeto y me debes respetar, hacer nacer algo por siempre..!" ¿Lo que hago es arte..? ¡Haciendo esto, para no saber y no comprender, lo que significa y quiere decir lo que hago, su persona ha venido a ver lo que he hecho, para decirme que hago arte..!

"Art and art: respect me, it is not said, and it is not requested, to come to respect me because I deserve respect and you should respect me, to bring something to life for ever"..! What I do, is it art..? Doing this, in order not to know and not to understand, what it means and what it means to say, that what I do; you, you have come to see what I have done, to tell me that I make art.

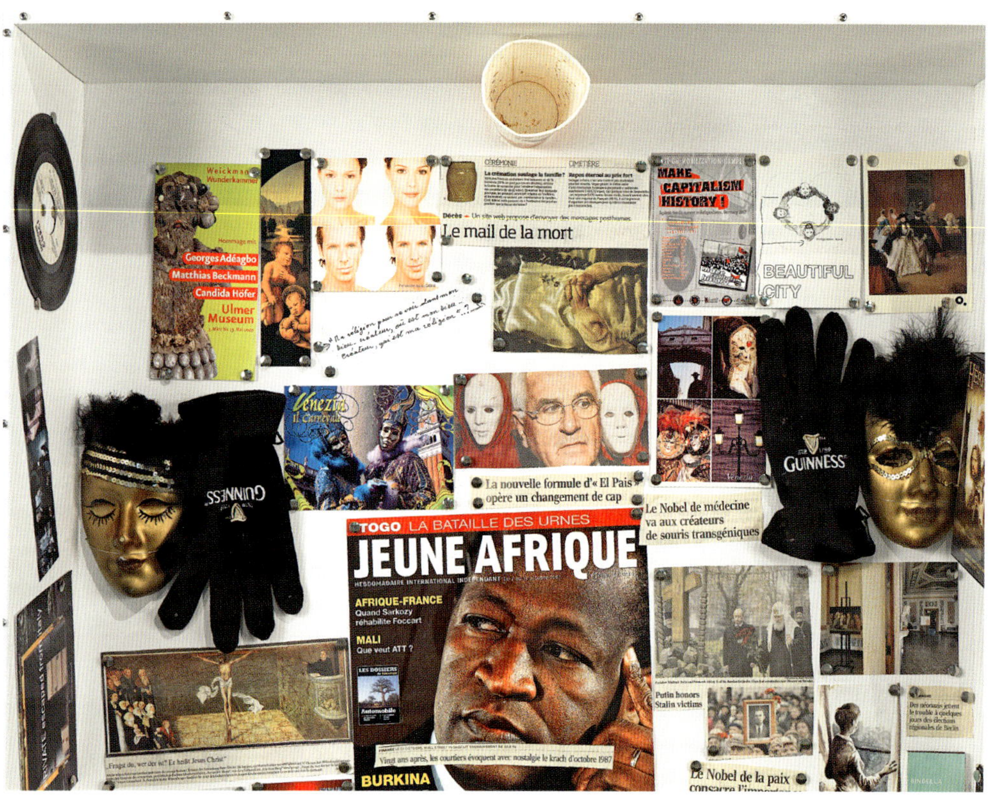

Weickmann
Wunderkammer
Hommage mit
Georges Adéagbo
Matthias Beckmann
Candida Höfer
Ulmer Museum
CÉRÉMONIE
La crémation soulage la famille?
CIMETIÈRE
Repos éternel au prix fort
Décès – Un site web propose d'envoyer des messages posthumes
Le mail de la mort
MAKE CAPITALISM HISTORY!
BEAUTIFUL CITY
Venezia
Il Carnevale
GUINNESS
La nouvelle formule d'« El País » opère un changement de cap
Le Nobel de médecine va aux créateurs de souris transgéniques
GUINNESS
TOGO LA BATAILLE DES URNES
JEUNE AFRIQUE
HEBDOMADAIRE INTERNATIONAL INDÉPENDANT
AFRIQUE-FRANCE
Quand Sarkozy réhabilite Foccart
MALI
Que veut ATT ?
LES DOSSIERS
Automobile
Vingt ans après, les courtiers évoquent avec nostalgie le krach d'octobre 1987
BURKINA
Putin honors Stalin victims
Le Nobel de la paix
„Fragst du, wer der ist? Er heißt Jesus Christ“

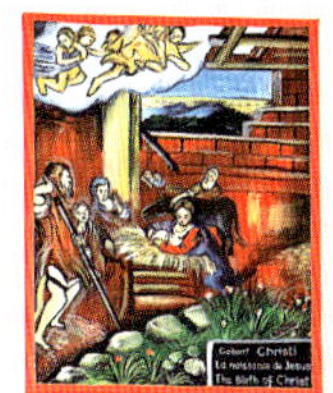
Christi
The Birth of Christ

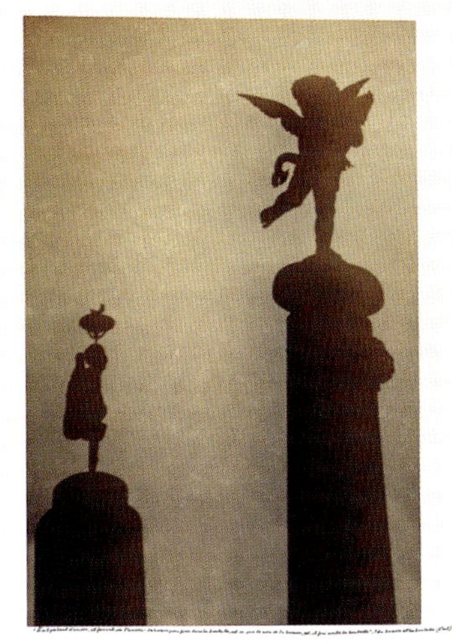

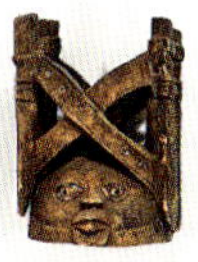

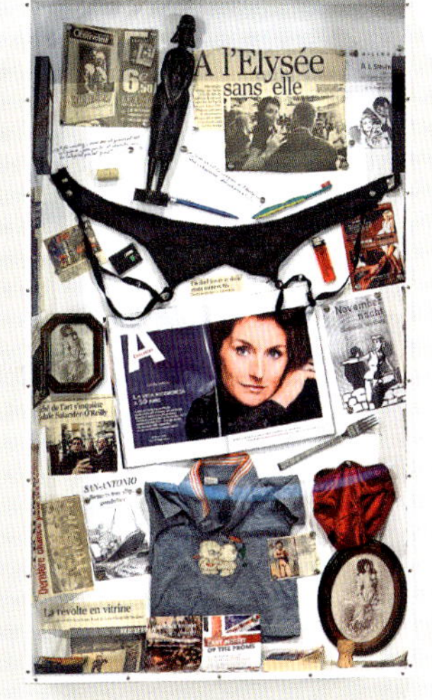
A l'Elysée
sans elle
La révolte en vitrine

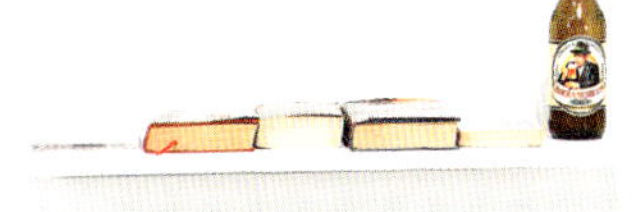

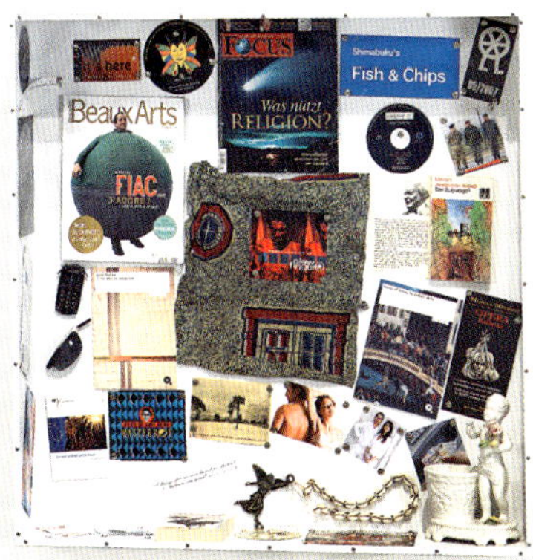
FOCUS
Was nützt
RELIGION?
Fish & Chips
Beaux Arts
FIAC

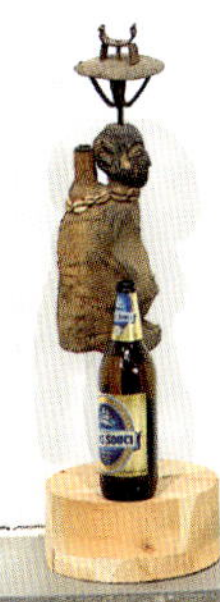

→ " Le vodoun qui est fétiche, au rendez-vous, avec les féticheuses et féticheurs, pour parler et discuter sur l'histoire de vodoun qui est fétiche : ma personne de Georges Adéagbo pour écrire le livre " le bonheur à servir ", et Albert Tévoédjrè le médiateur de la République du Bénin du président Thomas Boni Yayi, pour écrire le livre " le bonheur de servir " .. ! Qui est écrivain pour savoir écrire, et qui n'est pas écrivain pour ne savoir pas écrire ... ? La fête du vodoun qui est fétiche dans le monde et à travers le monde : le livre " le bonheur à servir " écrit par ma personne de Georges Adéagbo, et le livre " le bonheur de servir " écrit par Albert Tévoédjrè le médiateur de la République du Bénin du président Thomas Boni Yayi ... !

"El vodun que es fetiche, en la cita con las fetichistas y los fetichistas, para hablar y discutir sobre la historia del vodun que es fetiche: mi persona de Georges Adéagbo para escribir el libro "la felicidad para servir", y el mediador de la República de Benín del presidente Thomas Boni Yayi, para escribir el libro "la felicidad de servir"..! ¿El que es escritor para saber escribir, y el que no es escritor para no saber escribir..? ¡La fiesta del vodun que es fetiche en el mundo y a través del mundo: el libro "la felicidad para servir" escrito por mi persona de Georges Adéagbo y el libro "la felicidad de servir" escrito por , el mediador de la República de Benín del presidente Thomas Boni Yayi..!

"The Vodun that is a fetish, on a date with the men and women fetishists, to talk and discuss the history of Vodun that is a fetish: I myself Georges Adéagbo to write the book "the joy to serve," and Albert Tévoédjrên, the mediator of the Republic of Benin, of the president Thomas Boni Yayi, to write the book "the joy of serving"..! Who is the writer to know how to write, and who is not a writer, to not know how to write..? The party of Vodun that is a fetish in the world, and throughout the world: the book "the joy to serve" written by myself, Georges Adéagbo, and the book "the joy of serving" written by Albert Tévoédjrên, the mediator of the Republic of Benin of the president Thomas Boni Yayi..!

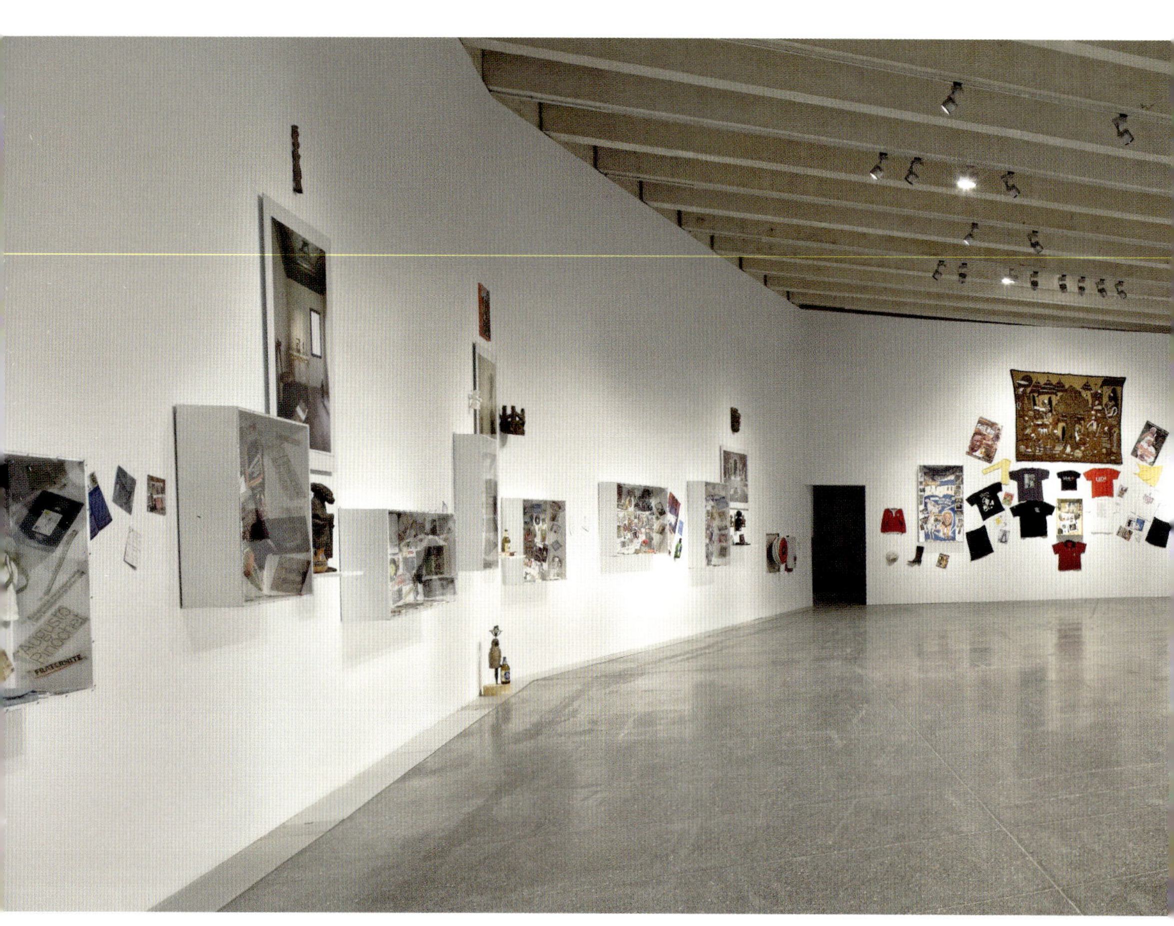
Augusto
Pinochet

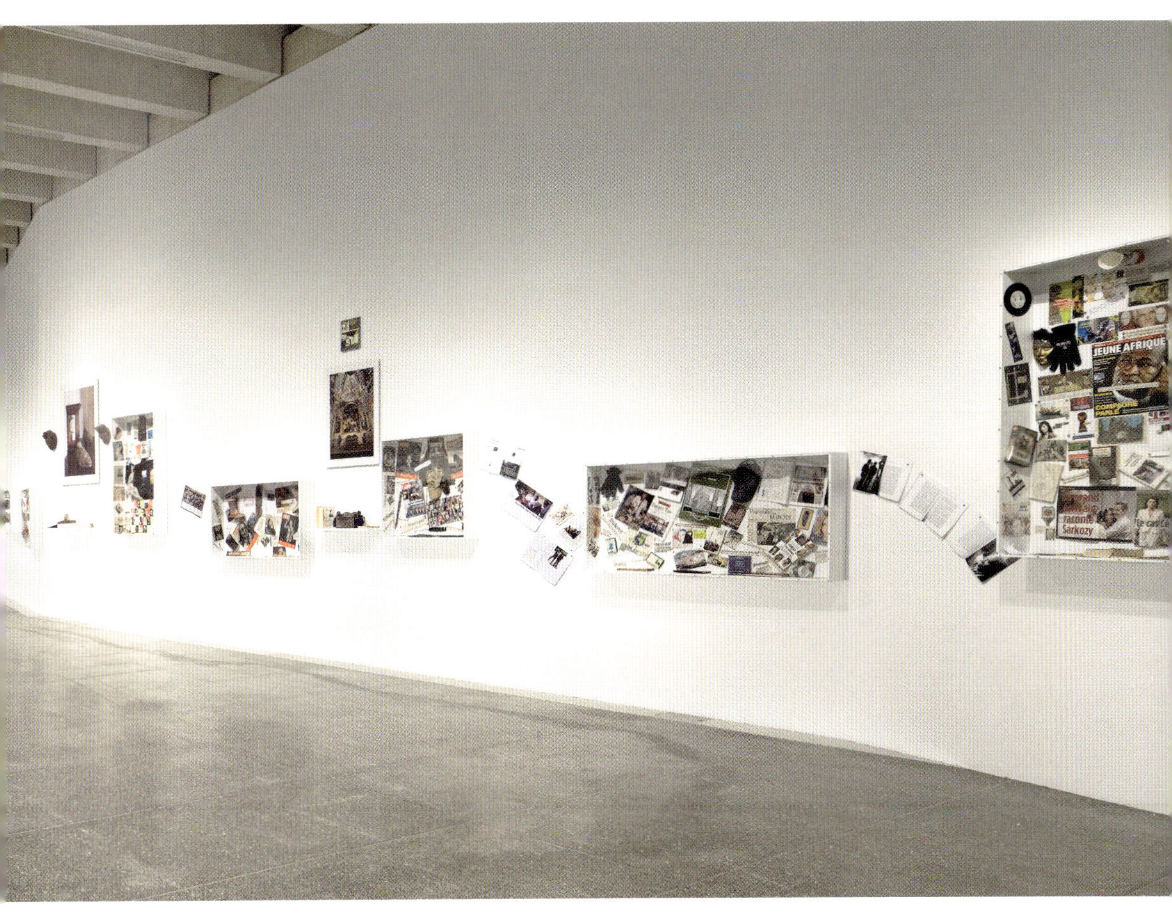
JEUNE AFRIQUE
COMPAORE PARLE
raconte Sarkozy

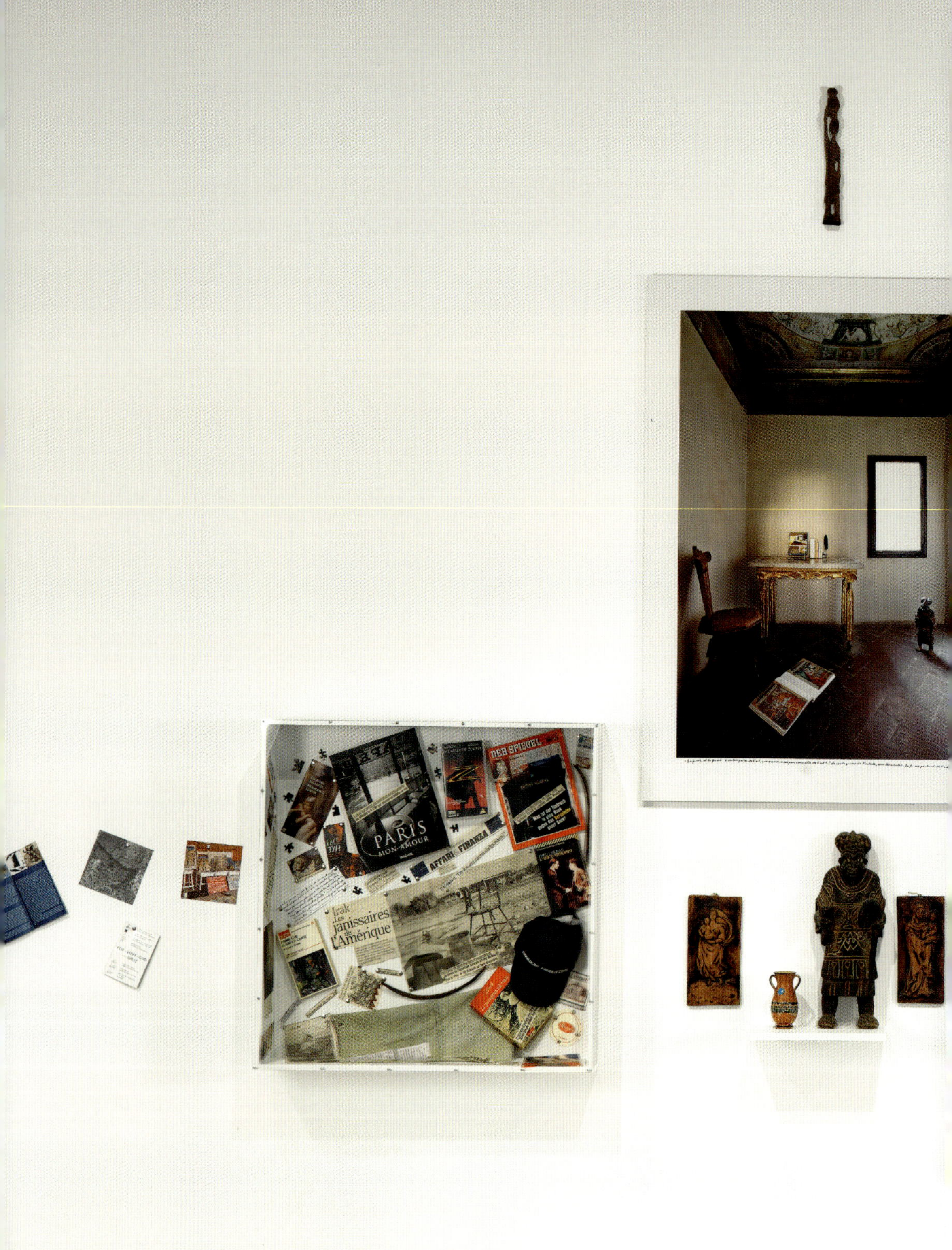
PARIS
MON AMOUR
DER SPIEGEL
AFFARI & FINANZA
Irak
Les janissaires de l'Amérique

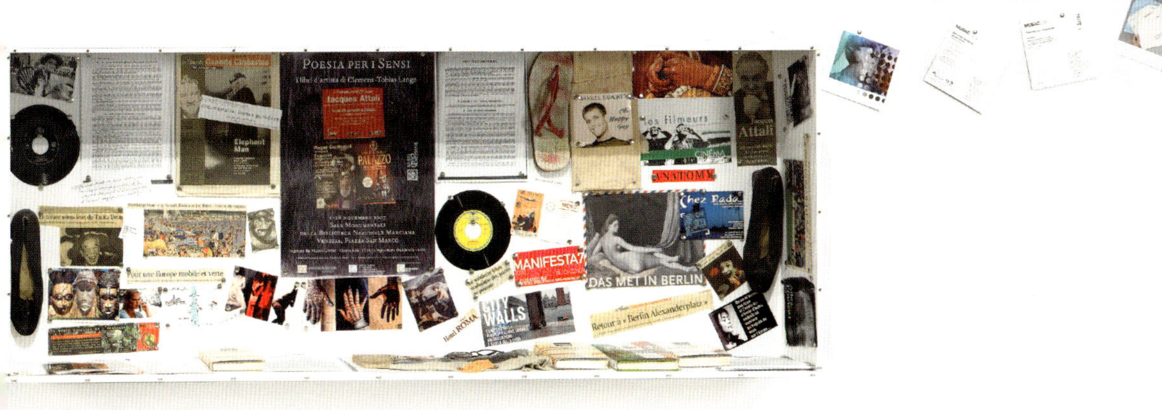
POESIA PER I SENSI
Elephant Man
ANATOMY
Attali
Pour une Europe mobile et verte
MANIFESTA7
DAS MET IN BERLIN
CITY WALLS
Hotel ROMA
Retour à « Berlin Alexanderplatz »

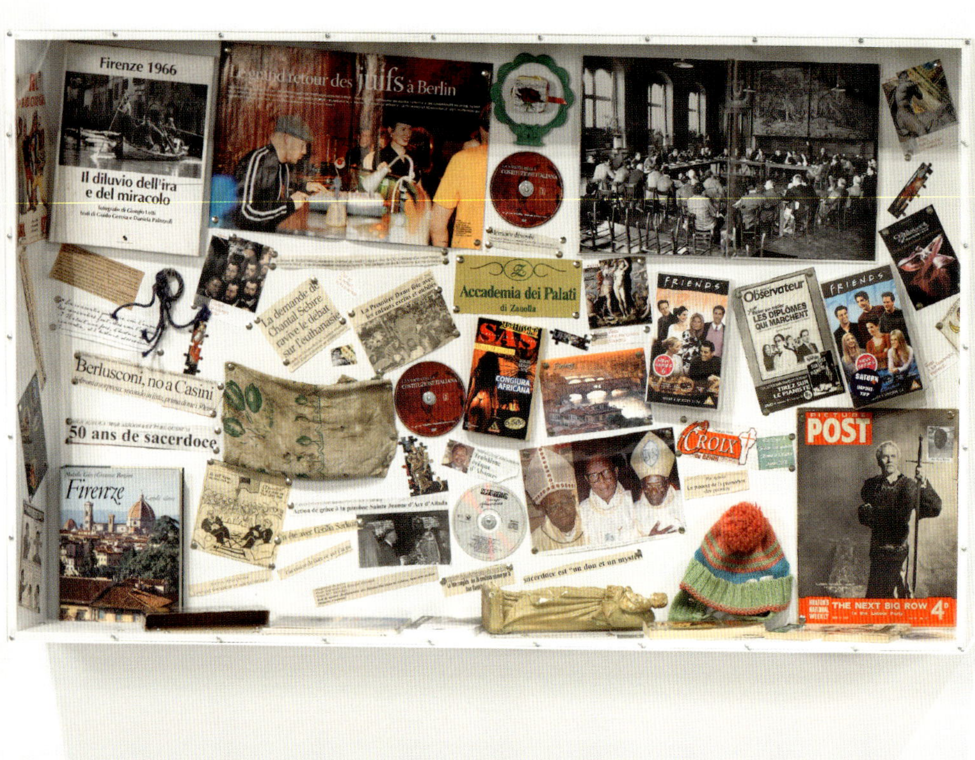
Firenze 1966
Il diluvio dell'ira
e del miracolo
Le grand retour des Juifs à Berlin
Accademia dei Palati
di Zanolla
La demande de
Chantal Sébire
ravive le débat
sur l'euthanasie
FRIENDS
Observateur
LES DIPLÔMES
QUI MARCHENT
TIREZ SUR
LE PIANISTE
FRIENDS
SAS
CONGIURA
AFRICANA
Berlusconi, no a Casini
50 ans de sacerdoce
Croix
POST
THE NEXT BIG ROW
4d
Firenze
sacerdoce est "un don et un myst

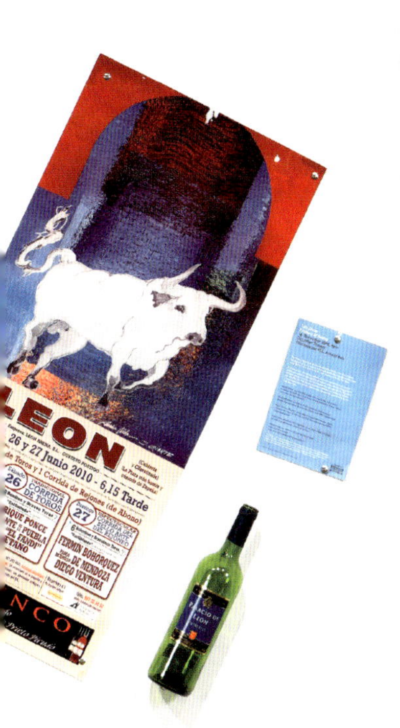
LEON
26 y 27 Junio 2010 - 6,15 Tarde
CORRIDA DE TOROS
TERMIN BOHORQUEZ
DIEGO VENTURA

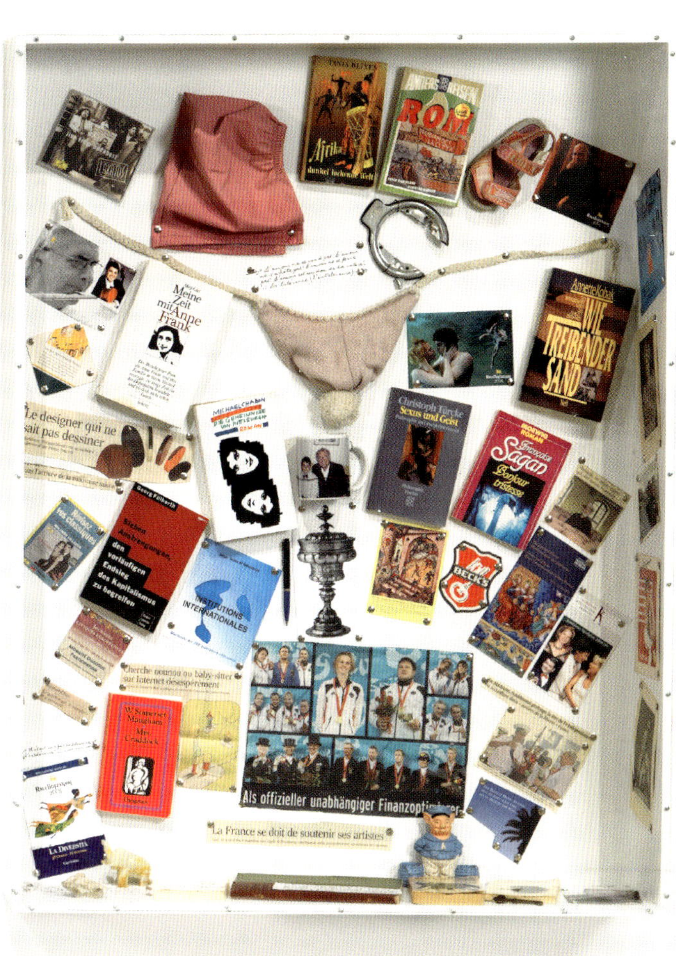
TANIA BLIXEN
Afrika dunkel lockende Welt
ROM
Meine Zeit mit Anne Frank
Annette Kobak
WIE TREIBENDER SAND
Le designer qui ne sait pas dessiner
Christoph Türcke
Sexus und Geist
Françoise Sagan
Bonjour tristesse
Georg Fülberth
Sieben Anstrengungen, den vorläufigen Endsieg des Kapitalismus zu begreifen
INSTITUTIONS INTERNATIONALES
BECK'S
Cherche nounou ou baby-sitter sur Internet désespérément
W. Somerset Maugham
Mrs Craddock
Als offizieller unabhängiger Finanzopti
La France se doit de soutenir ses artistes
LA DIVERSITÀ

→ "Ce que je fais, est-il de l'art"..? Enfants, les enfants, mes enfants, travaillez, prenez de la peine, c'est le fonds qui marque le moins, connaissant qui l'on est, pour aimer aller avec l'autre, et ne pouvant pas aller avec l'autre, a-t-on cherché à connaître qui est l'autre, pour savoir le pourquoi, aimant avec lui, on ne peut pas aller avec lui..? La philosophie pour faire l'art, et l'art est un miroir dans lequel, se regardant, on se voit tel que l'on est: ce que je fais est-il de l'art..? L'art et l'instruction: l'art et l'art (l'art doit et devrait faire instruction, donner instruction, pour instruire le monde)..! Il était une fois, l'art et l'art: ce que je fais, est-il de l'art..?

"¿Lo que hago es arte"..? Niños, los niños, mis niños, trabajad, esforzaos, el fondo es lo que menos marca, sabiendo quiénes somos, para querer ir con otro, y no pudiendo ir con otro, ¿hemos intentado conocer quién es el otro, para saber el por qué, queriendo ir con el otro, no podemos ir con él..? La filosofía para hacer arte, y el arte es un espejo en el que, mirándose, nos vemos tal y como somos: ¿lo que hago es arte..? ¡El arte y la instrucción: el arte y el arte (el arte debe y debería instruir, dar instrucción, para instruir el mundo)..! Érase una vez el arte y el arte: ¿lo que hago es arte..?

"What I do, is it art"..? Children, the children, my children, work, work hard, the ground is the least marked of all, to know who we are, to know why, wanting to go with the other, can we not go with him..? The philosophy to make art, and art is a mirror in which, looking at ourselves, we see each other the way we are: what I do, is it art..? Art and education: art and art (art must and should teach, give instructions, teach the world)..! Once upon a time there was art: what I do, is it art..?

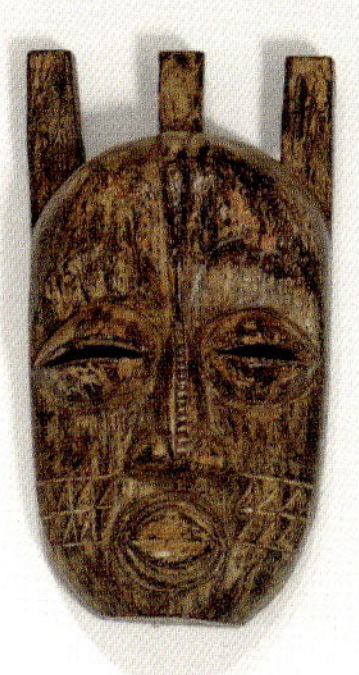

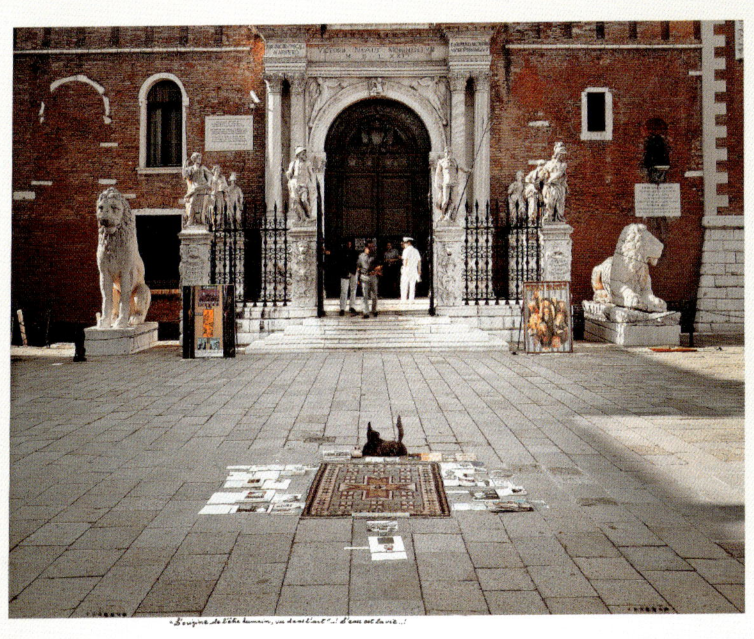
"L'origine de l'être humain, vu dans l'art"..! L'eau est la vie..!

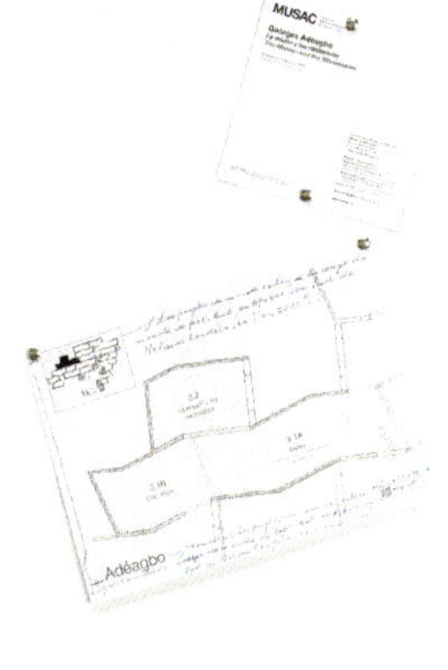
MUSAC
Adéagbo

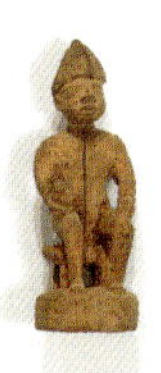

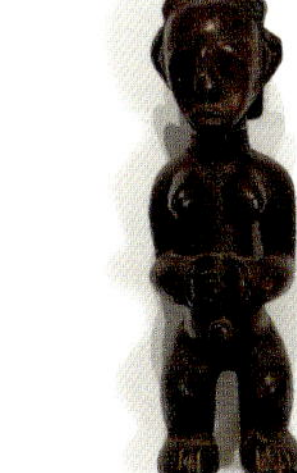

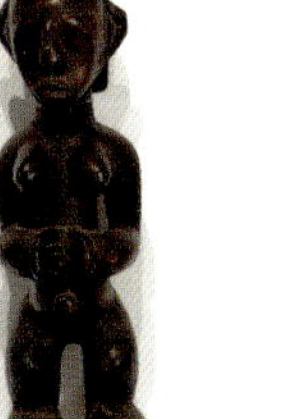

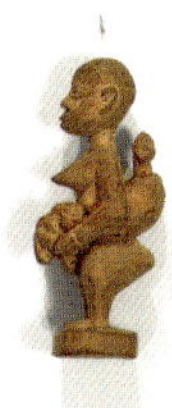

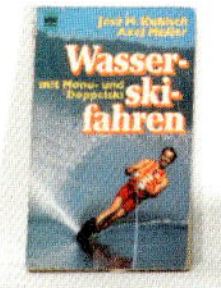
Wasser-
ski-
fahren
mit Mono- und
Doppelski

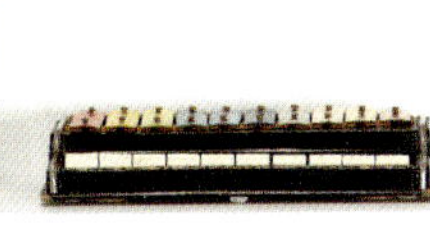

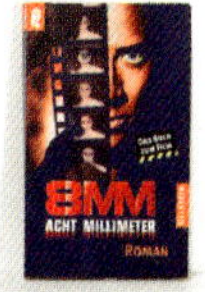
8MM
ACHT MILLIMETER
ROMAN

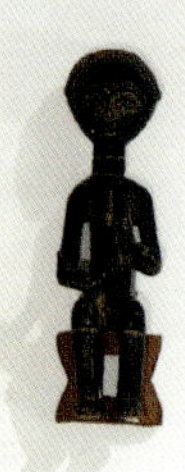

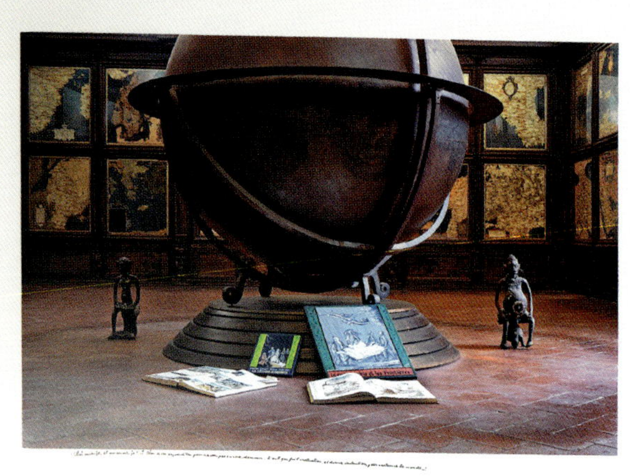

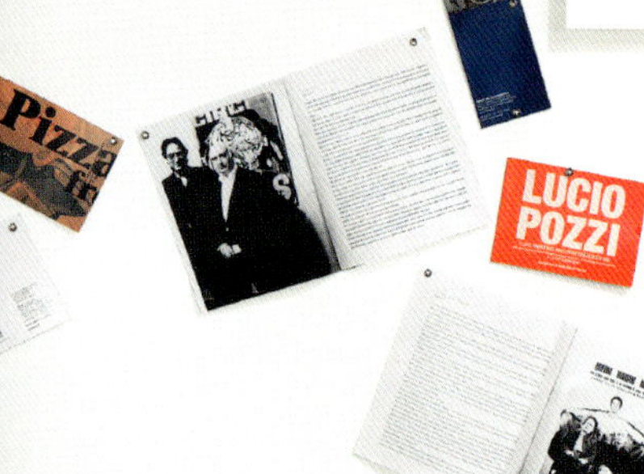
LUCIO
POZZI

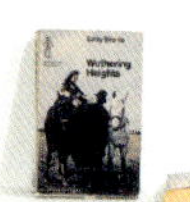

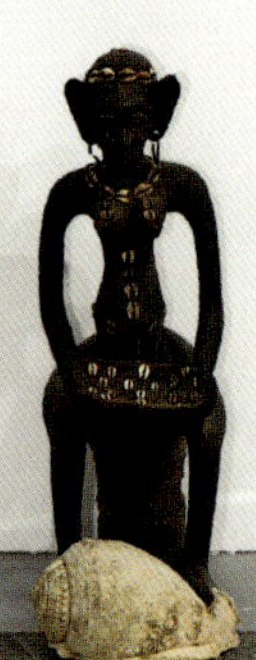

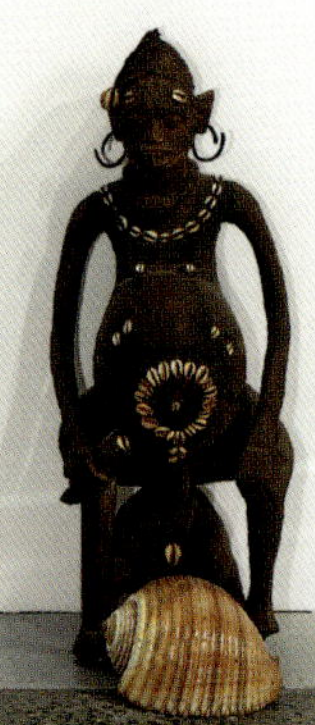

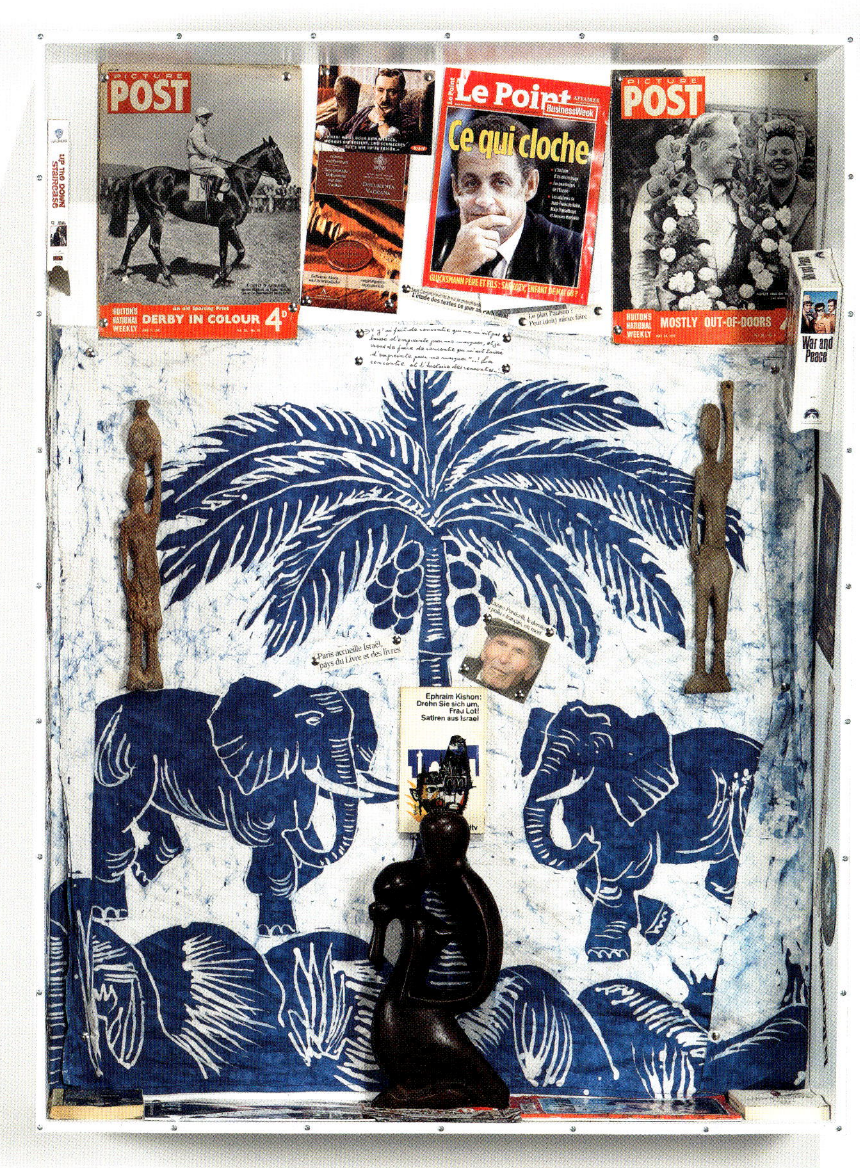
PICTURE POST
An old Sporting Print
HULTONS NATIONAL WEEKLY
DERBY IN COLOUR 4d
Le Point
BusinessWeek
Ce qui cloche
PICTURE POST
HULTONS NATIONAL WEEKLY
MOSTLY OUT-OF-DOORS
UP THE DOWN STAIRCASE
War and Peace
Paris accueille Israël, pays du Livre et des Livres
Ephraim Kishon:
Drehn Sie sich um, Frau Lot!
Satiren aus Israel

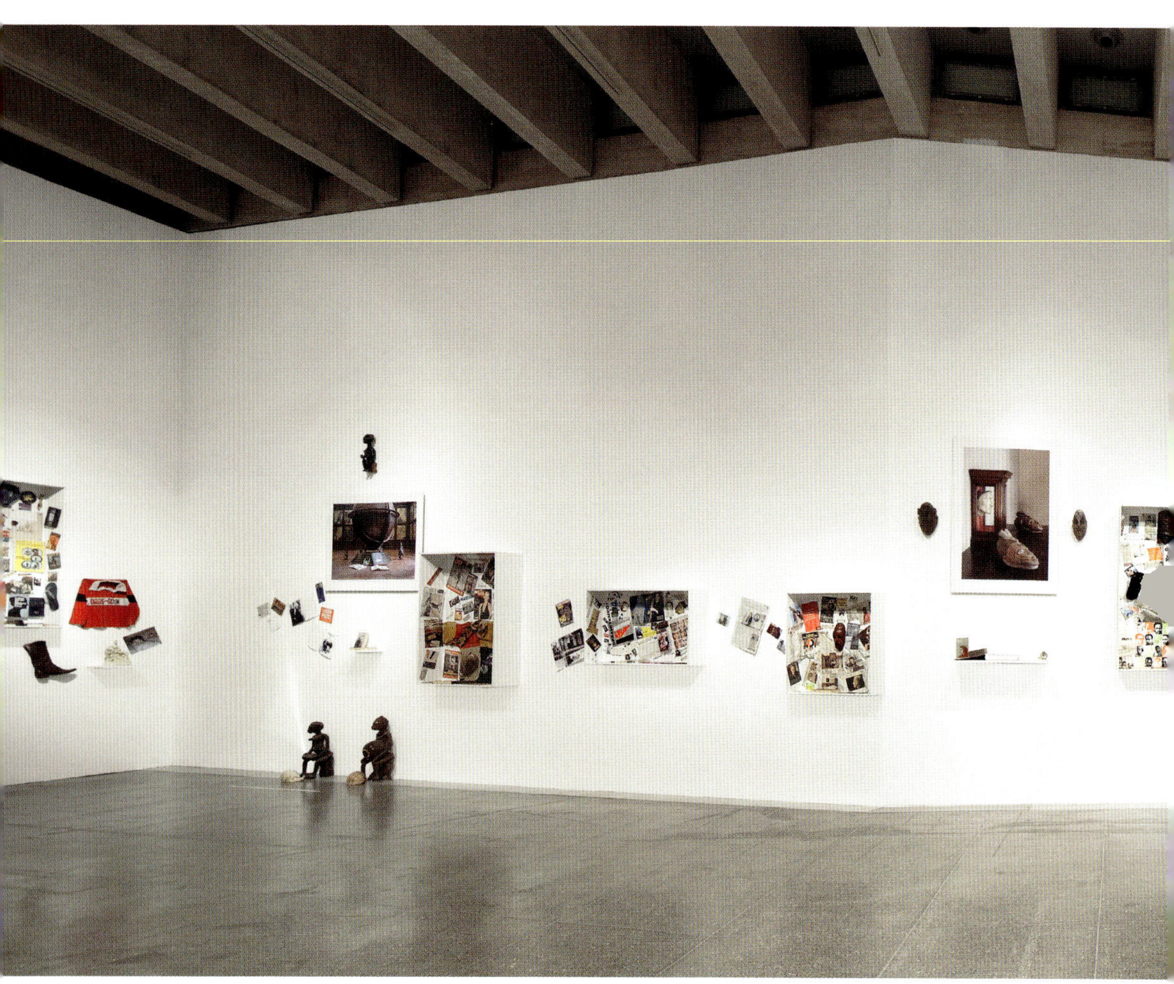

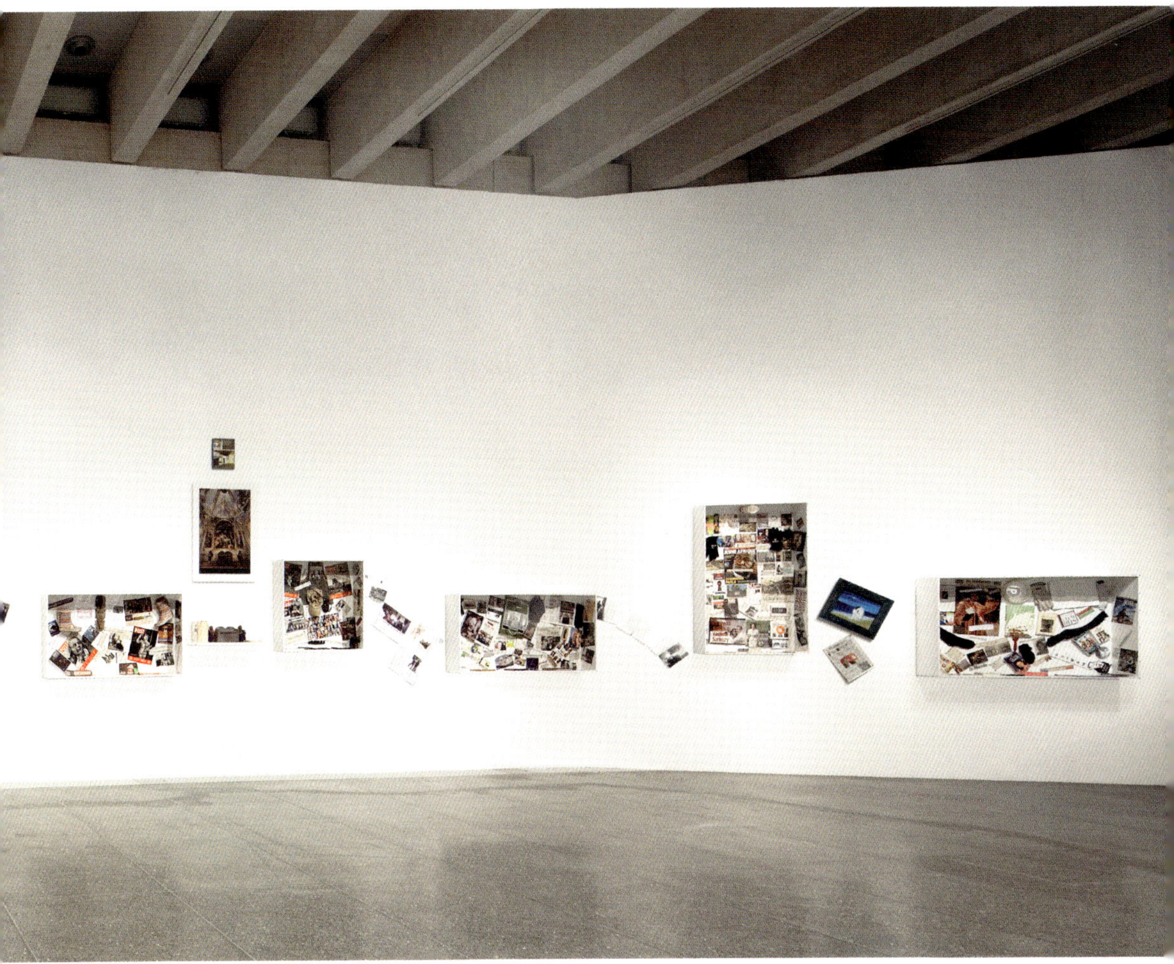

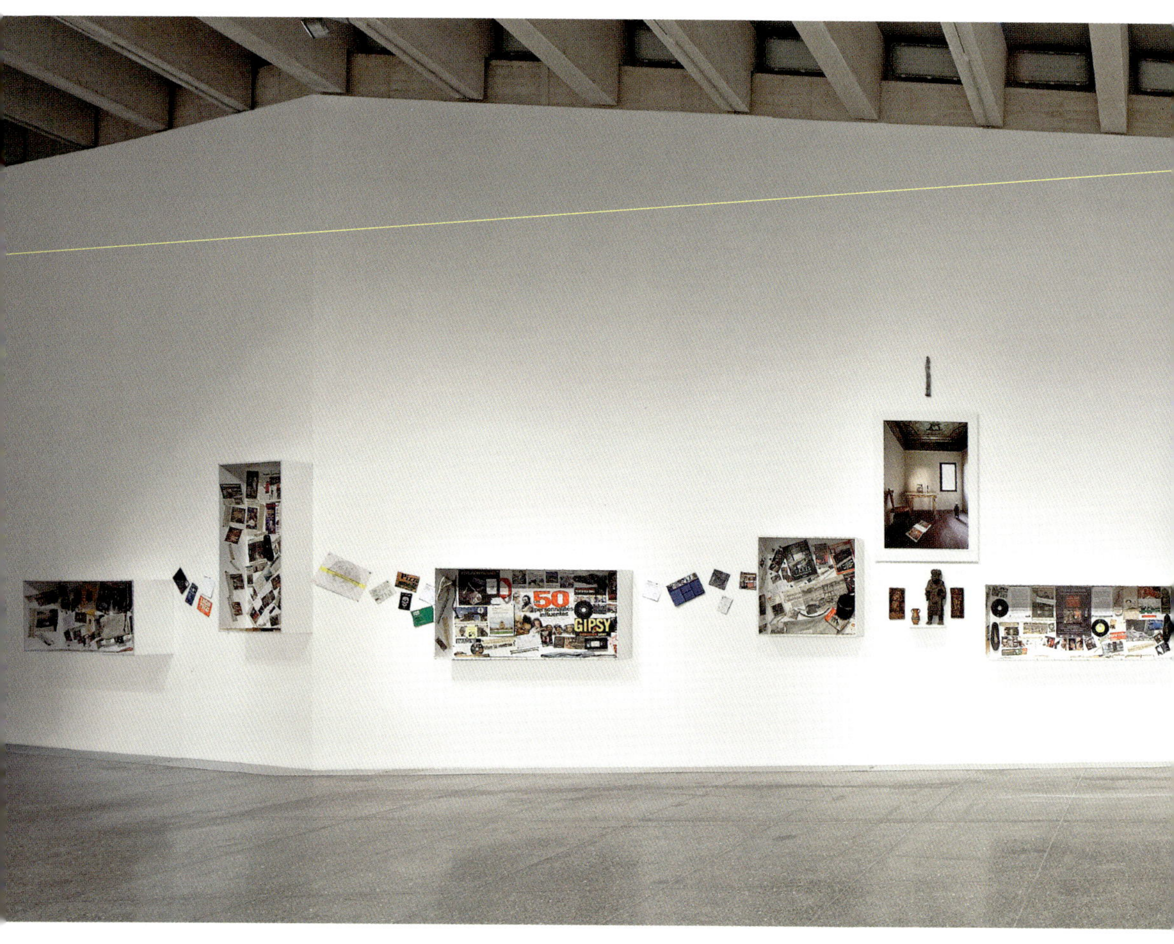
50
GIPSY

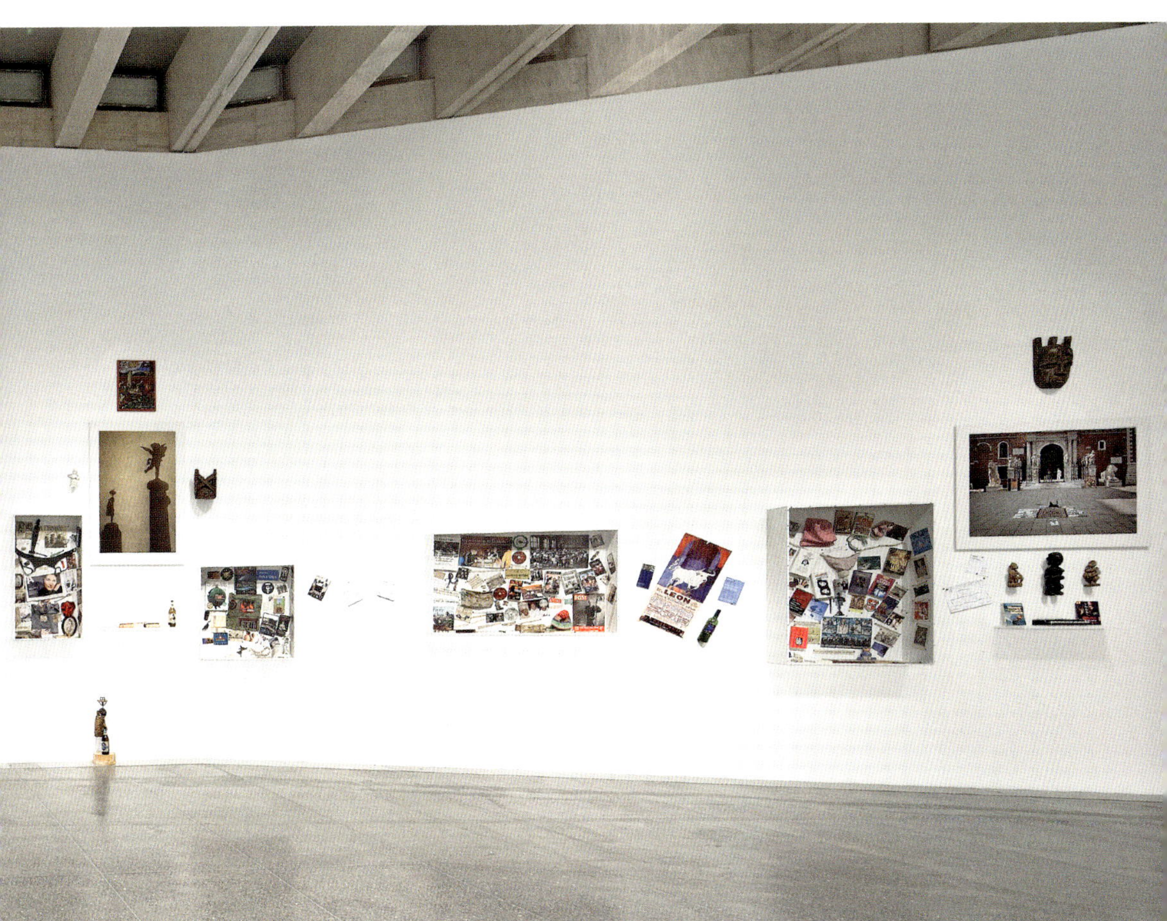

"En juin 1994 Régine Chirac épouse de Sam Cambéo dit Jacques Bianco (Jacques Chirac le président de la République française), et les artistes, avec ma personne de Georges Adéagbo qui n'est pas artiste, à l'exposition culturelle "la route de l'art, sur la route de l'esclave"..! Ils sont des esclaves, et ma personne de Georges Adéagbo n'est pas esclave : devant la mer qui est la plage, et derrière la mer "devant la mer qui est la plage, on se demande ce qu'il y a derrière la mer : à voir les maisons de Stéphane Kölher l'Allemand de l'Allemagne, et de ma personne de Georges Adéagbo le Béninois du Bénin, à Togbin-plage de Cotonou -Bénin"..! La route de l'art : devant la mer qui est la plage, et derrière la mer (il était une fois, l'esclave et l'histoire de l'esclave : la route de l'art, sur la route de l'esclave)..!

En junio de 1994 Régine Cuzin, esposa de Sam Cambio, llamado Jacques Bianco (Jacques Chirac, el presidente de la República Francesa), y los artistas, con mi persona de Georges Adéagbo, que no es artista, a la exposición cultural "el camino del arte, sobre el camino del esclavo"..! ¡Ellos son esclavos, y mi persona de Georges Adéagbo no es esclavo: delante del mar que es la playa, y detrás del mar "delante del mar que es la playa, uno se pregunta lo que habrá detrás: las casas de Stéphane Köhler, el alemán de Alemania, y de mi persona de Georges Adéagbo, el beninés de Benín, en Togbin, playa de Cotonú, Benín"..! ¡El camino del arte: delante del mar que es la playa, y detrás del mar (érase una vez el esclavo y la historia de la esclavitud: el camino del arte sobre el camino del esclavo)..!

In June 1994 Régine Cuzin, wife of Sam Cambio, named Jacques Bianco (Jacques Chirac the president of the Republic of France), and the artists, with myself, Georges Adéagbo, who is not an artist, to the cultural exhibition "the path of art, on the path of the slave"..! They are slaves and myself Georges Adéagbo is not a slave: before the sea that is the beach, and behind the sea "in front of the sea that is the beach, one asks oneself what could lie behind: the houses of Stéphane Köhler, the German in Germany, and of myself, Georges Adéagbo the Beninese from Benin, en Togbin, Cotonou beach, Benin"..! The path of art: in front of the sea that is the beach, and behind this sea (once upon a time the slave and the history of slavery: the part of art on the path of the slave)..!

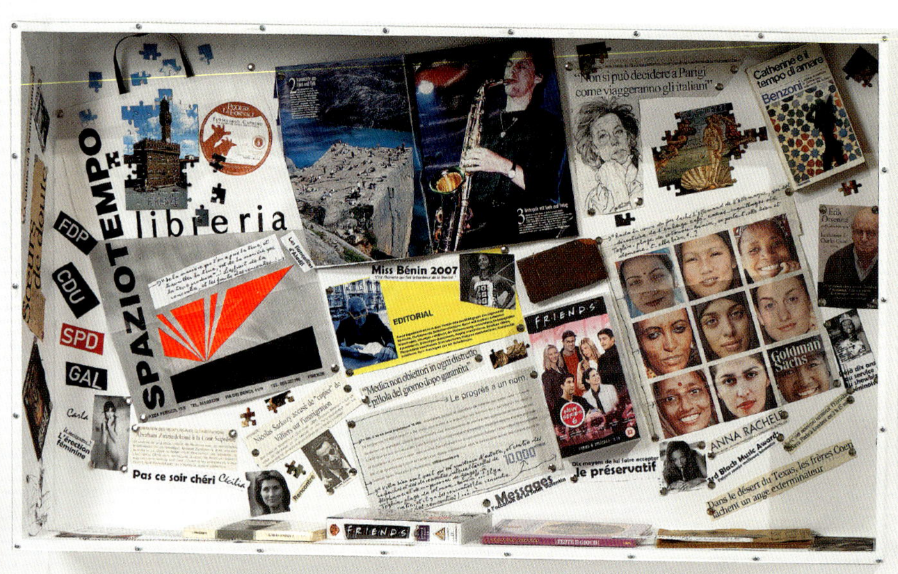
SPAZIOTEMPO
libreria
FDP
CDU
SPD
GAL
Miss Bénin 2007
EDITORIAL
FRIENDS
"Non si può decidere a Parigi come viaggeranno gli italiani"
Catherine e il tempo di amare
Benzoni
"Medici non obiettori in ogni distretto e pillola del giorno dopo garantita"
Le progrès a un nom
Goldman Sachs
ANNA RACHEL
3rd Block Music Awards
Dans le désert du Texas, les frères Coen lâchent un ange exterminateur
Dix moyens de lui faire accepter le préservatif
Messages
Pas ce soir chéri Cécilia
L'érection féminine

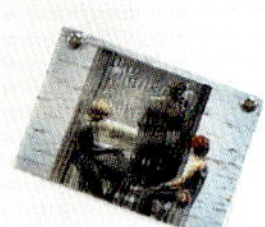

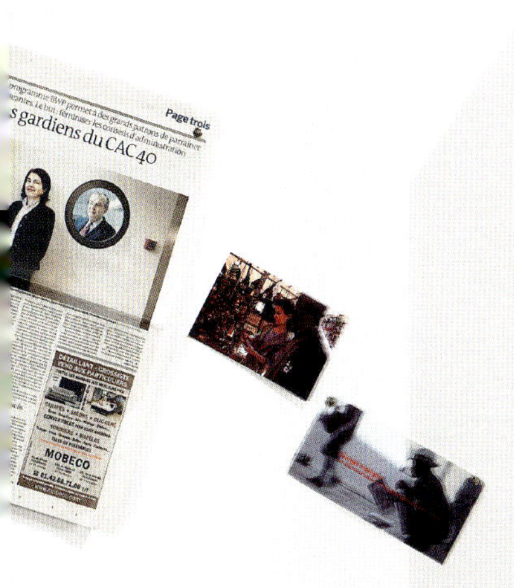
Page trois
s gardiens du CAC 40
MOBECO

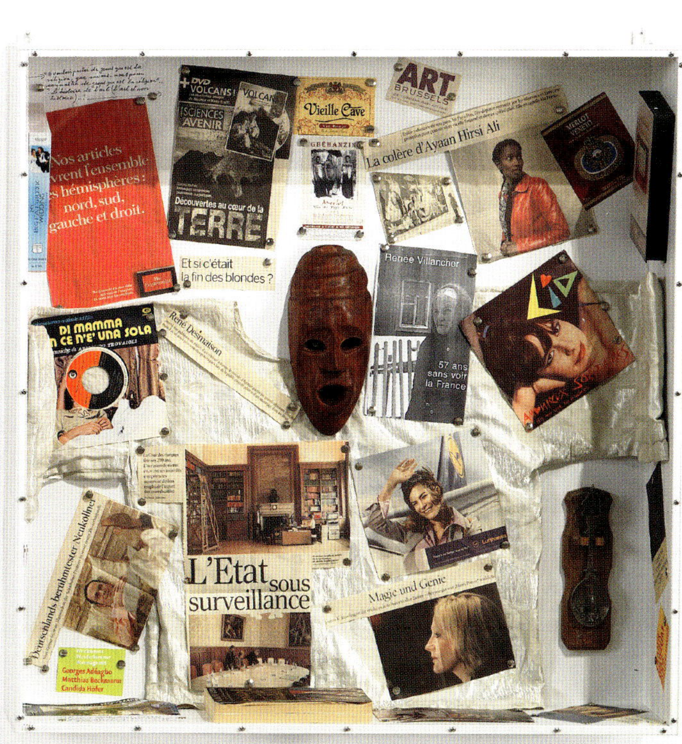
Nos articles
vrent l'ensemble
s hémisphères :
nord, sud,
gauche et droit.
DVD
VOLCANS
SCIENCES
AVENIR
Découvertes au cœur de la
TERRE
Vieille Cave
ART
BRUSSELS
La colère d'Ayaan Hirsi Ali
GBEHANZIN
MERLOT
Et si c'était
la fin des blondes ?
Renée Villancher
57 ans
sans voir
la France
DI MAMMA
N CE N'E' UNA SOLA
René Desmaison
L'Etat sous
surveillance
Magie und Genie
Deutschlands berühmtester Neuköllner
Georges Adéagbo
Matthias Beckmann
Candida Hofer

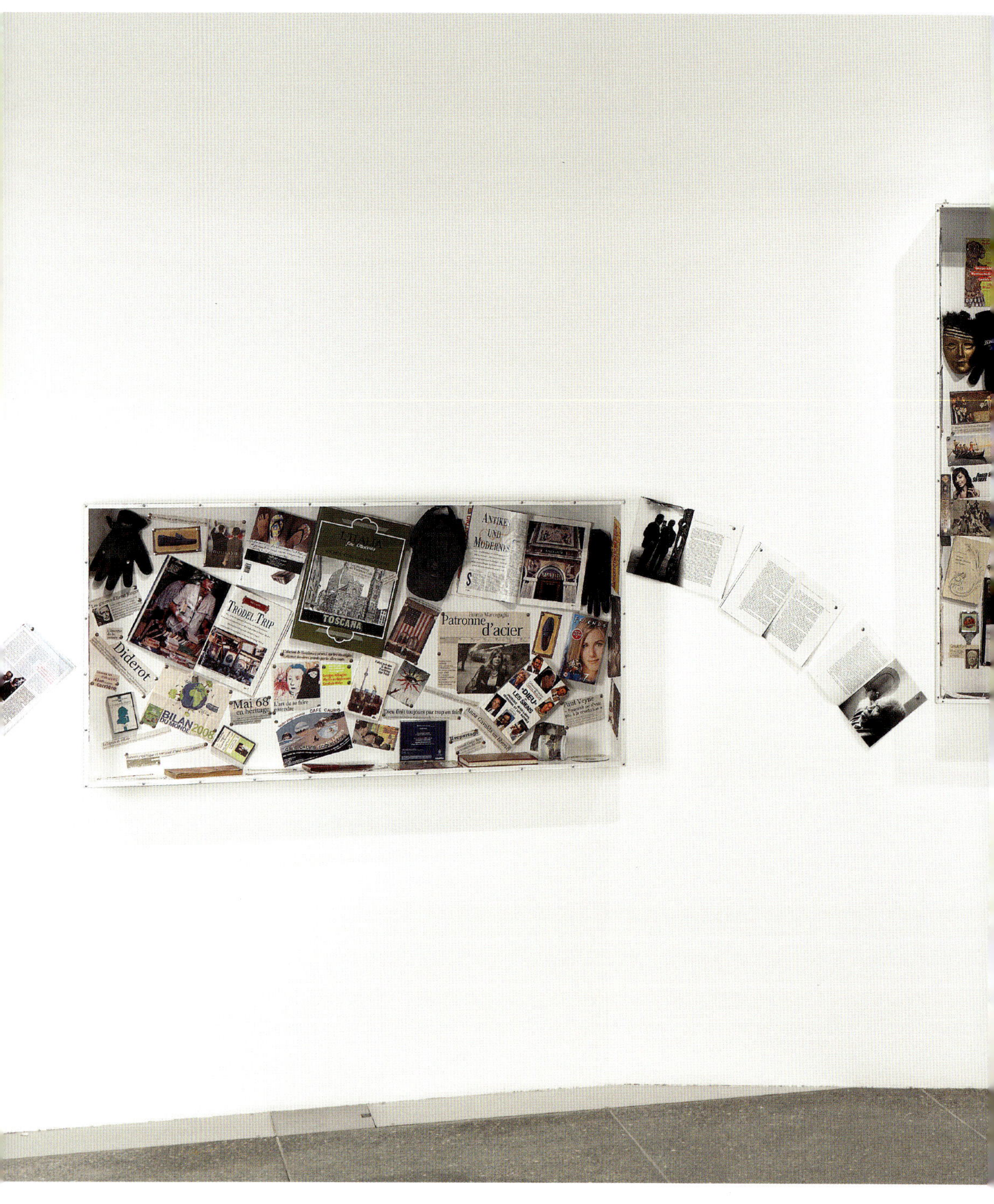

L'ITALIA
TOSCANA
ANTIKE UND MODERNE
TRÖDEL TRIP
Patronne d'acier
Diderot
Mai 68 en héritage
BILAN DU MONDE 2008
Paul Veyne

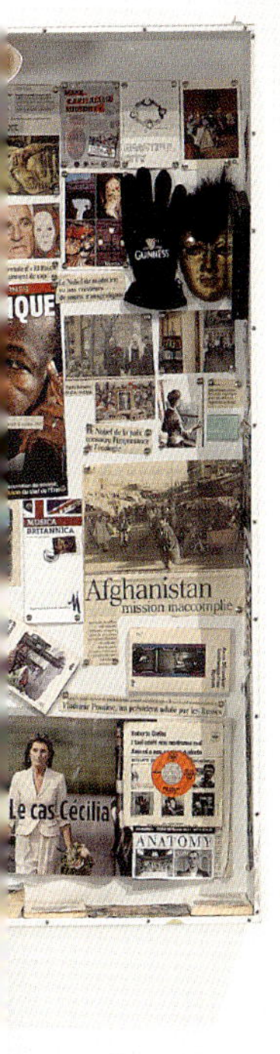
Afghanistan
Le cas Cecilia
ANATOMY

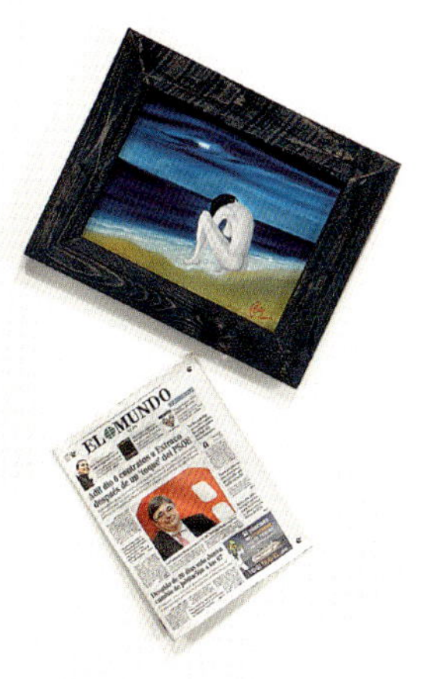
EL MUNDO

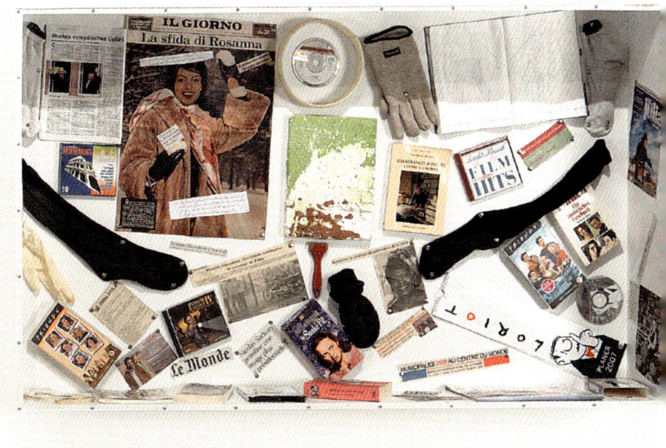
IL GIORNO
La sfida di Rosanna
FILM HITS
LORIOT
Le Monde
PLANER 2007

→ " La personne de Georges Adéagbo n'est pas
artiste : c'est l'art qui fait l'artiste"..
! Il faut faire, et laisser les autres venir
voir ce que tu as fait, et parler de ce que
tu as fait : c'est l'art qui fait l'artiste
(l'art est dans la nature)..! Ce n'est pas
l'artiste qui fait l'art...!

→ " L'art et la vérité : l'art est avec la
vérité, et seul qui peut voir cette vérité
et faire voir cette vérité aux personnes
qui ne, voyaient pas, et ne voient pas cette
vérité, est seul qui serait pris pour
artiste, et se dirait artiste"...! Je travaille
avec la nature : je peux voir et lire
la signification d'un objet par terre, que
les autres qui sont des artistes peintres et
sculpteurs ne voient pas...!

"¡Mi persona de Georges Adéagbo no es artista: es el arte el que hace al artista..!" ¡Hay que hacer y dejar que los otros vengan a ver lo que has hecho y hablar de lo que has hecho: es el arte el que hace al artista (el arte está en la naturaleza)..! ¡No es el artista que hace el arte..!

"I myself Georges Adéagbo am not an artist: it is the art that makes the artist"..! One must do and let others come to see what you have done and talk about what you have done: it is the art that makes the artist (art is in nature)..! It is not the artist that makes the art..!

*

"¡El arte y la verdad: el arte está con la verdad, el único que puede ver esta verdad y hacer ver esta verdad a las personas que no veían y no ven esta verdad es el único al que se le tomará por artista y se dirá artista..!" ¡Yo trabajo con la naturaleza: puedo ver y leer el significado de un objeto en el suelo que los otros que son artistas pintores y escultores no ven..!

"Art and truth: art is with truth, the only one who can see this truth and make this truth visible to the people who could not see and who do not see this truth is the only one who will be taken for an artist and called artist"..! I work with nature: I can see and read the meaning of an object in the ground which others who are artists painters and sculptors don't see..!

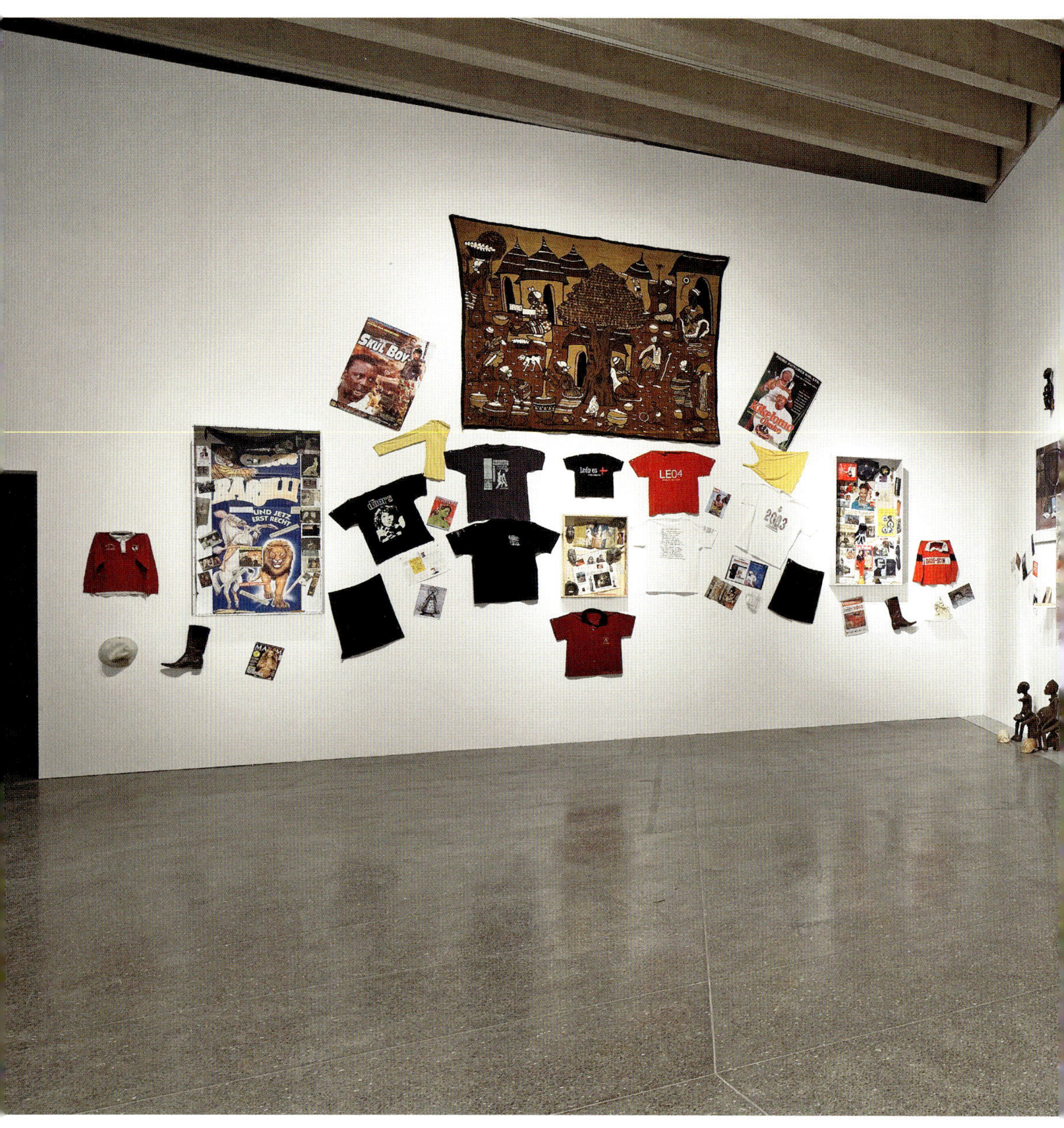
SKUL BOY
UND JETZ
ERST RECHT
doors
LE04

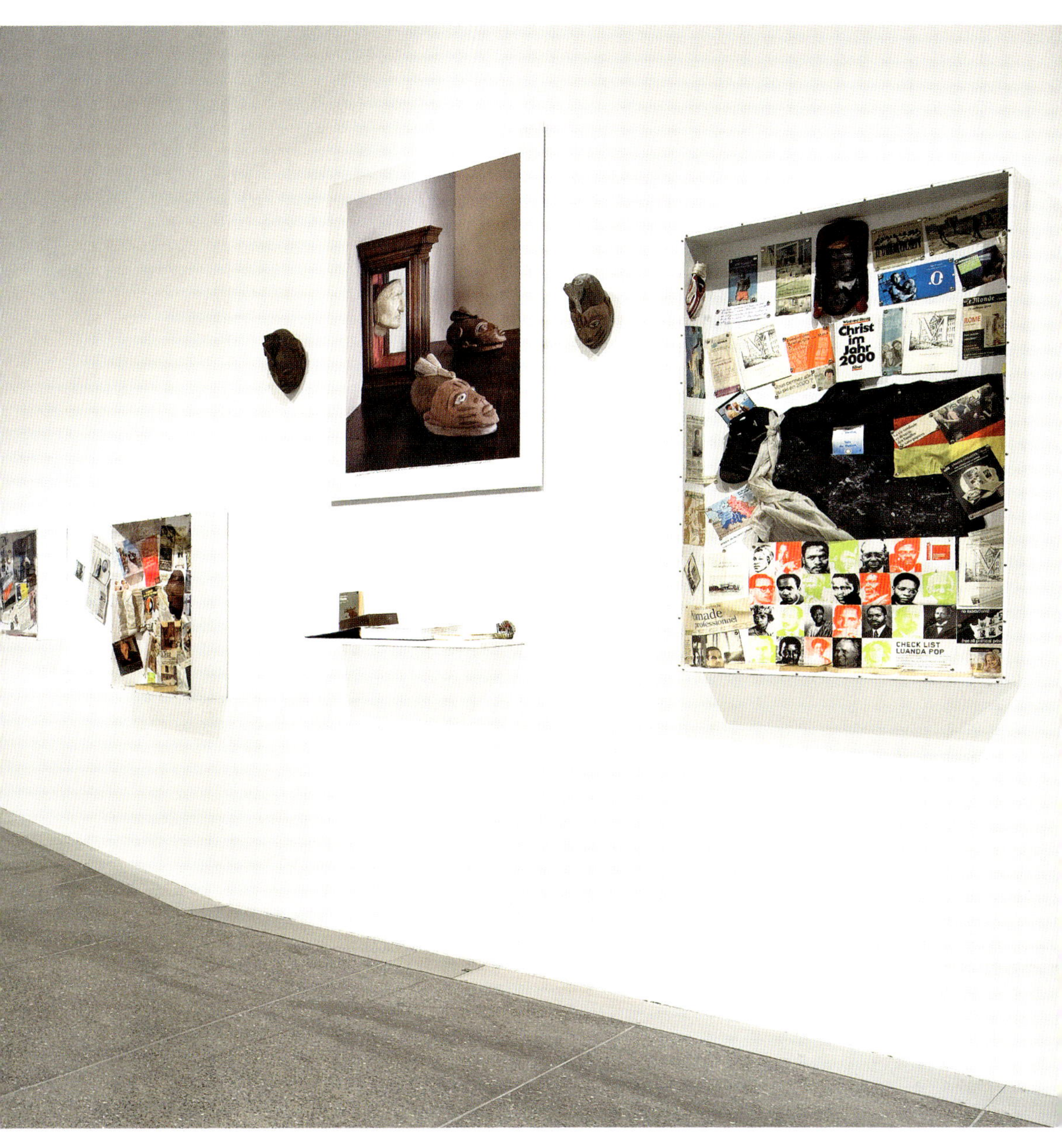
Christ
im
Jahr
2000
CHECK LIST
LUANDA POP

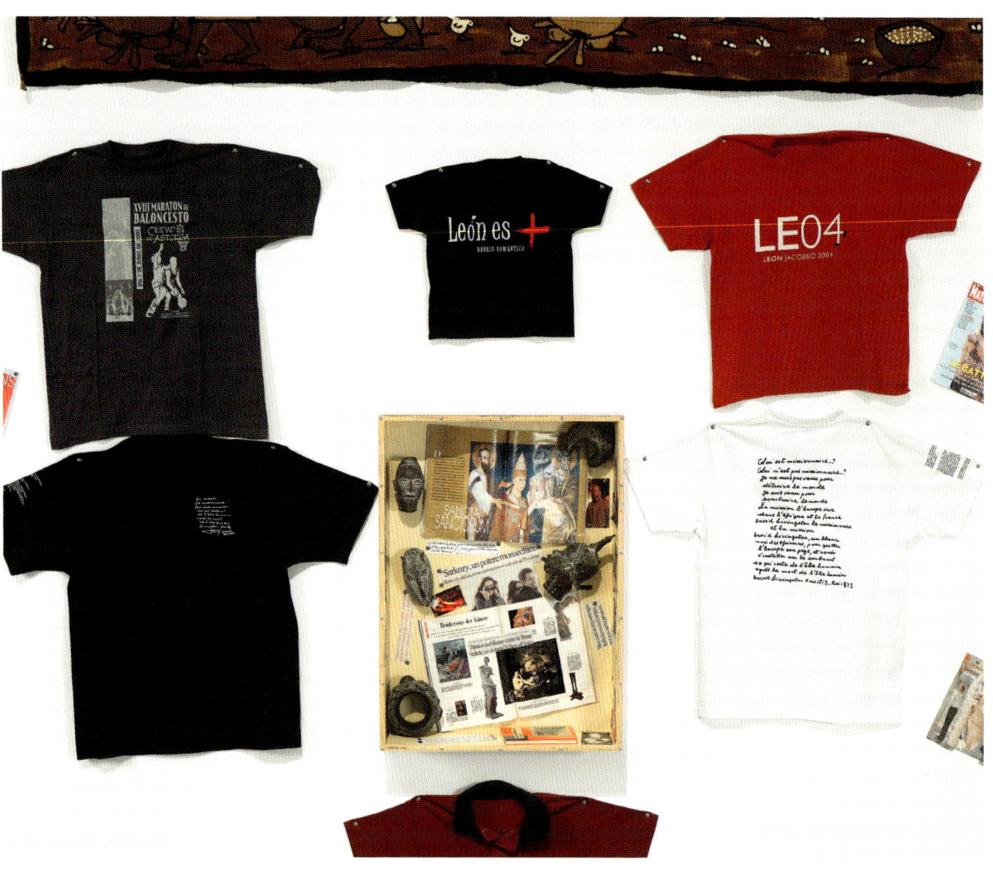
XVIII MARATON DE
BALONCESTO
León es +
BARRIO ROMÁNTICO
LE04
LEÓN JACOBEO 2004
SANCTA
SANCTORUM
Sarkozy, un potere monarchico

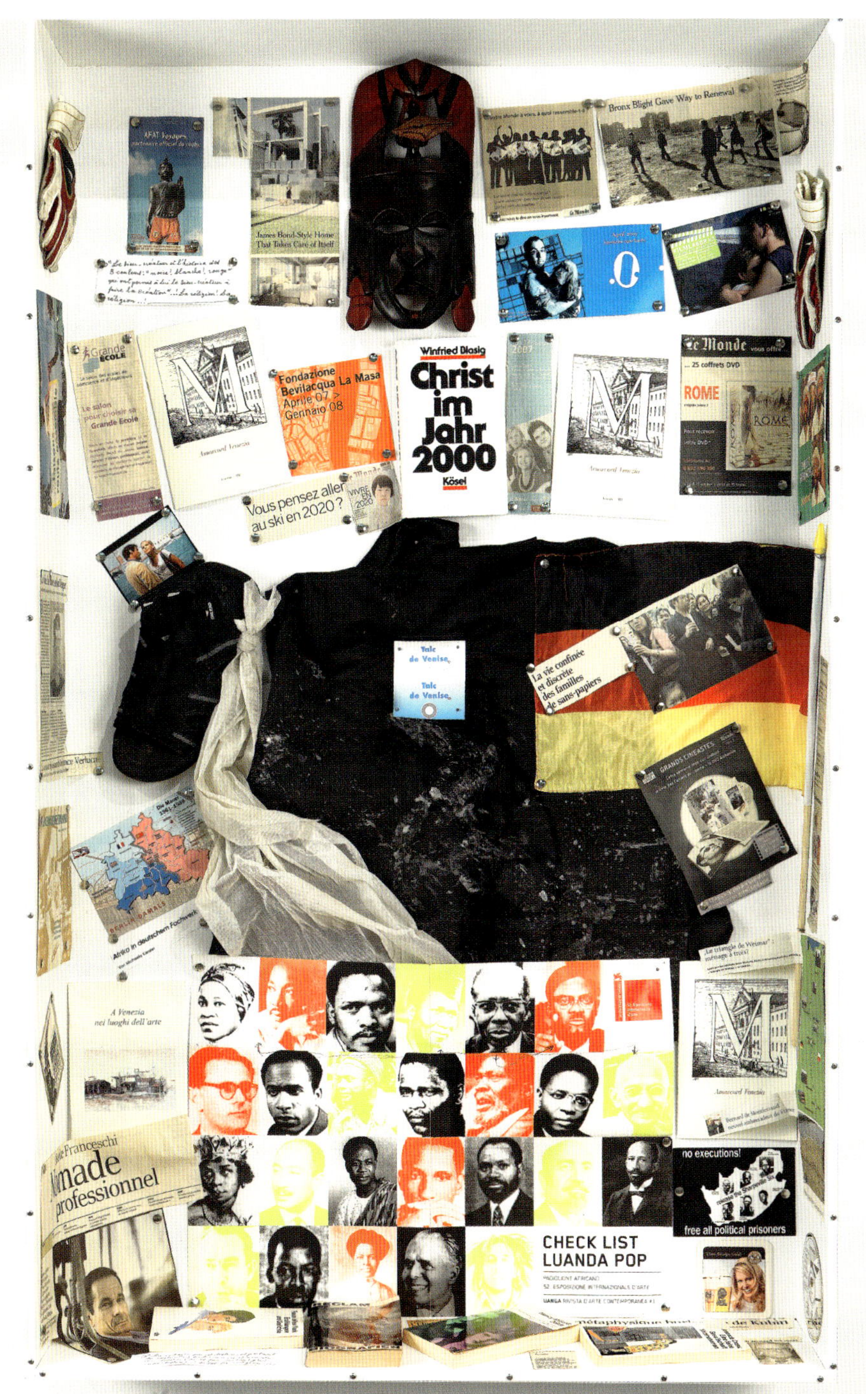

AFAT Voyages
James Bond-Style Home
That Takes Care of Itself
Bronx Blight Gave Way to Renewal
Le salon pour choisir sa Grande Ecole
Fondazione
Bevilacqua La Masa
Aprile 07 >
Gennaio 08
Winfried Blasig
Christ im Jahr 2000
Kösel
Le Monde vous offre
... 25 coffrets DVD
ROME
Vous pensez aller au ski en 2020 ?
Talc de Venise
Talc de Venise
La vie confinée et discrète des familles de sans-papiers
GRANDS CINEASTES
Afrika in deutschem Fachwerk
A Venezia nei luoghi dell'arte
Nomade professionnel
no executions!
free all political prisoners
CHECK LIST
LUANDA POP

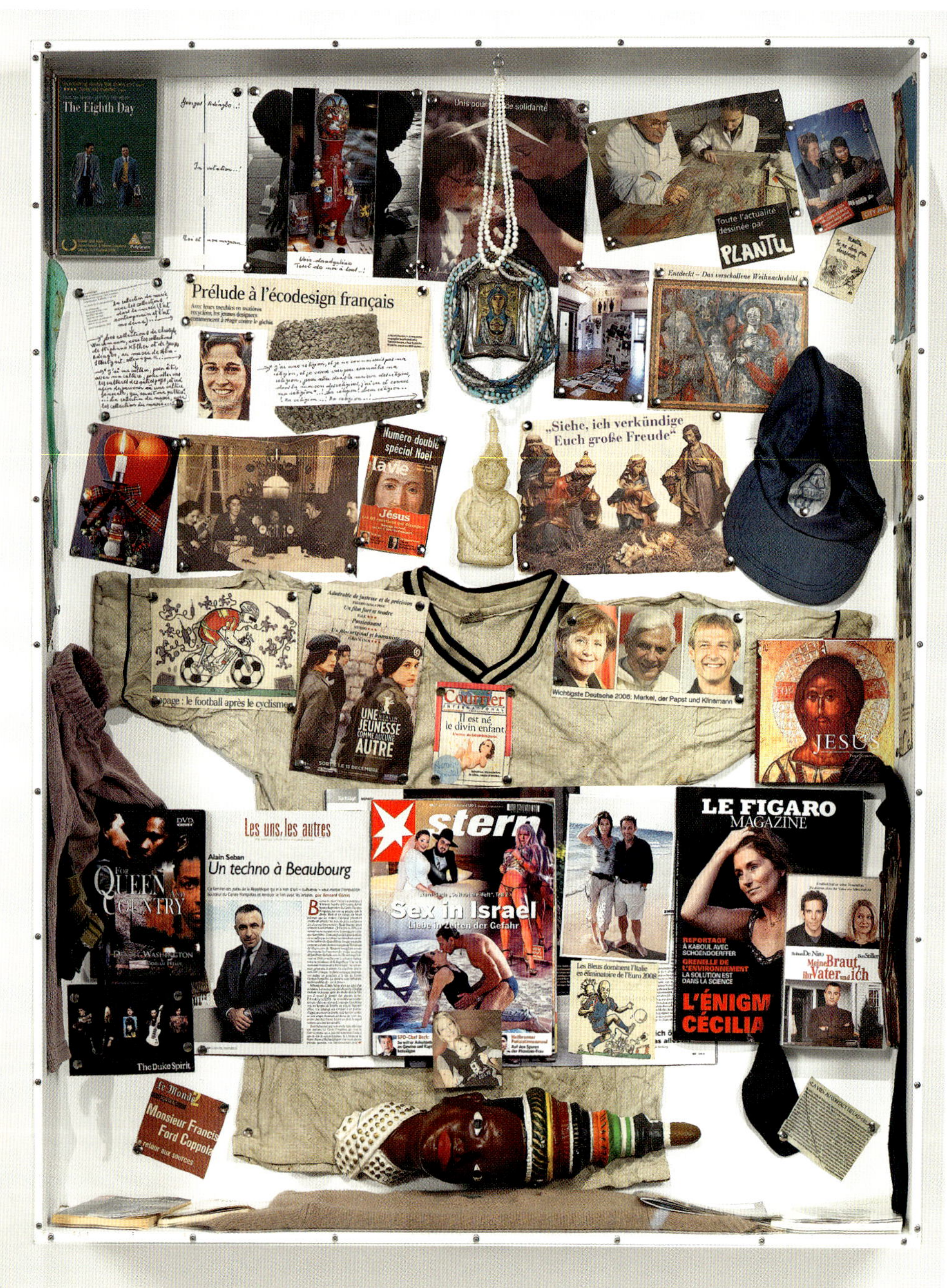
The Eighth Day
Unis pour
de solidarité
Toute l'actualité dessinée par
PLANTU
Prélude à l'écodesign français
Entdeckt – Das verschollene Weihnachtsbild
Numéro double spécial Noël
la vie
Jésus
„Siehe, ich verkündige Euch große Freude"
page : le football après le cyclisme
UNE JEUNESSE COMME AUCUNE AUTRE
Courrier international
Il est né le divin enfant
Wichtigste Deutsche 2006: Merkel, der Papst und Klinsmann
JESUS
For Queen and Country
Les uns, les autres
Alain Seban
Un techno à Beaubourg
stern
Sex in Israel
Liebe in Zeiten der Gefahr
Les Bleus dominent l'Italie en éliminatoire de l'Euro 2008
LE FIGARO
MAGAZINE
L'ÉNIGM
CÉCILIA
Meine Braut, ihr Vater und ich
The Duke Spirit
Le Monde 2
Monsieur Francis Ford Coppola

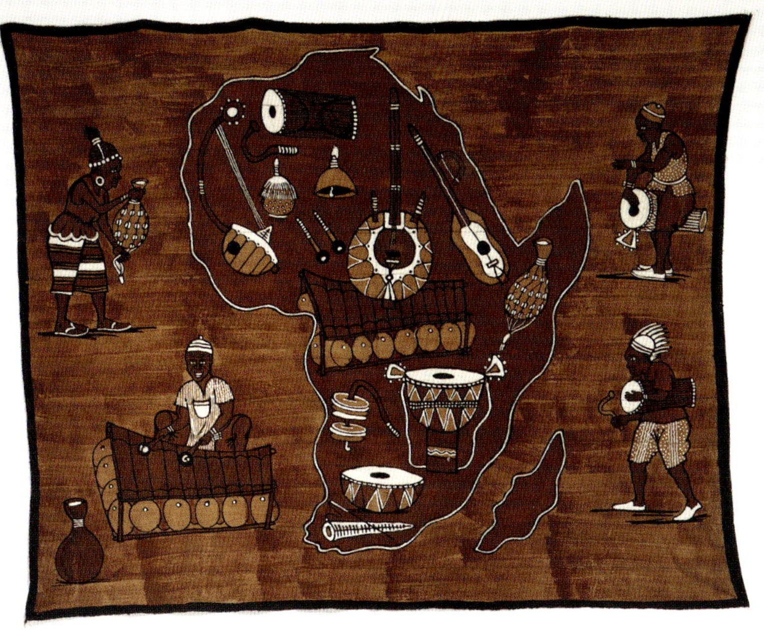

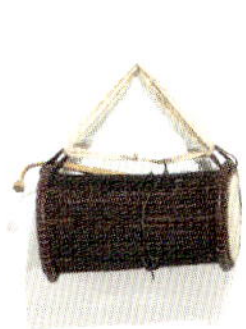

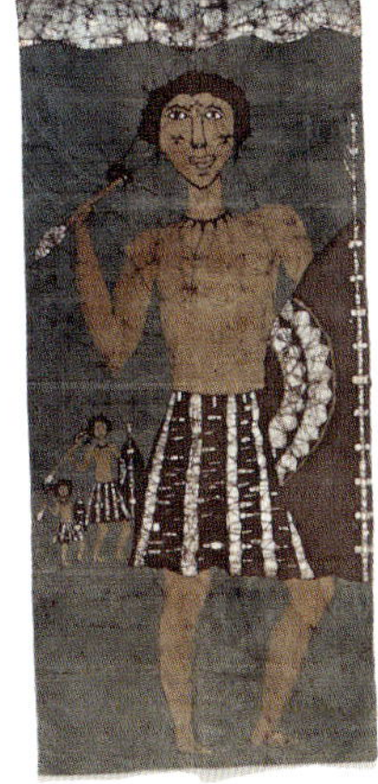

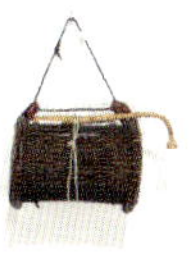

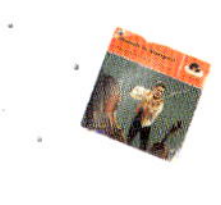

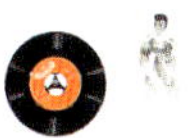

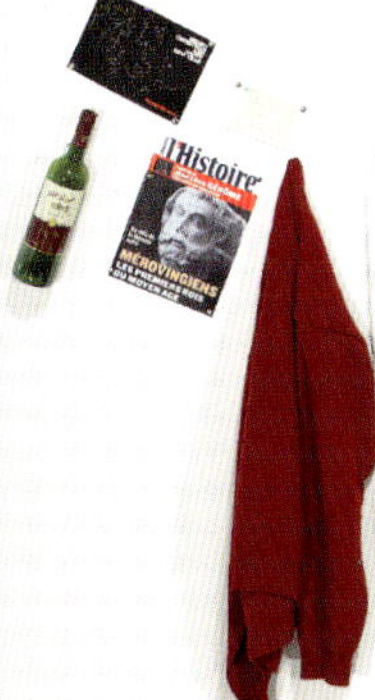

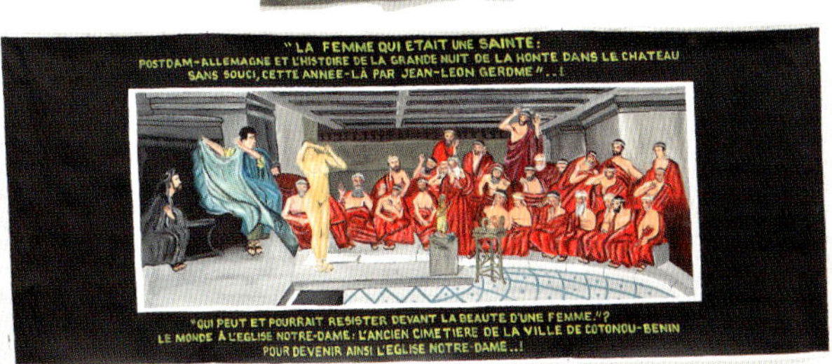
"LA FEMME QUI ETAIT UNE SAINTE:
POSTDAM-ALLEMAGNE ET L'HISTOIRE DE LA GRANDE NUIT DE LA HONTE DANS LE CHATEAU
SANS SOUCI, CETTE ANNEE-LÀ PAR JEAN-LEON GERDME"..!
"QUI PEUT ET POURRAIT RESISTER DEVANT LA BEAUTE D'UNE FEMME."?
LE MONDE À L'EGLISE NOTRE-DAME: L'ANCIEN CIMETIERE DE LA VILLE DE COTONOU-BENIN
POUR DEVENIR AINSI L'EGLISE NOTRE-DAME..!

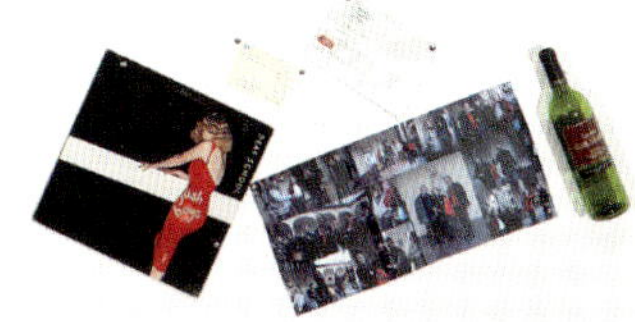

→ " Comment les peuples du monde entier, ont-ils vu le déroulement de l'élection présidentielle en côte-d'Ivoire en l'an 2010, et comment les peuples du monde entier, verraient l'élection présidentielle, en République du Bénin en l'an 2011, enfin l'élection présidentielle en france en l'an 2012"... ? Ma personne de Georges Adéagbo pour écrire le livre " le bonheur à servir" et Albert Tévoédjrè le médiateur de la République du Bénin du président Thomas Boni yayé, pour écrire le livre " le bonheur de servir" : l'écriture et l'écrivain (qui est écrivain pour savoir écrire et qui n'est pas écrivain pour ne savoir pas écrire) !.. ? L'écriture est dans la sagesse, avec la sagesse, et un écrivain est un sage qui est avec la sagesse : le livre " le bonheur à servir" écrit par ma personne de Georges Adéagbo, et le livre " le bonheur de servir" écrit par Albert Tévoédjrè le médiateur de la République du Bénin du président Thomas Boni yayé (les peuples du monde entier, devant le déroulement de l'élection présidentielle en côte-d'Ivoire en l'an 2010, en République du Bénin en l'an 2011, enfin, en france en l'an 2012)..
!

¿Cómo han visto los pueblos del mundo entero el desarrollo de las elecciones presidenciales en Costa de Marfil en el año 2010, y cómo los pueblos del mundo entero verían las elecciones presidenciales en la República de Benín en el año 2011 y, finalmente, las elecciones presidenciales en Francia en el año 2012..?" ¿Mi persona de Georges Adéagbo para escribir el libro "la felicidad para servir", y Albert Boni Yayi, para escribir el libro "la felicidad de servir": la escritura y el escritor (quien es escritor para saber escribir, y quien no es escritor para no saber escribir)..? ¡La escritura está en la sabiduría, con la sabiduría, y un escritor es un sabio que está con la sabiduría: el libro "la felicidad para servir" escrito por mi persona de Georges Adéagbo, y el libro "la felicidad de servir" escrito por Albert , el mediador de la República de Benín del presidente Thomas Boni Yayi (los pueblos del mundo entero, frente al desarrollo de las elecciones presidenciales en Costa de Marfil en el año 2010, en la República de Benín en el año 2011, finalmente, en Francia en el año 2012)..!

"How have the people of the entire world seen the development of the presidential elections of the Ivory Coast in the year 2010 and how would the people of the world see the presidential elections in the Republic of Benin in the year 2011 and, finally, the presidential elections in France in the year 2012"..? Myself, Georges Adéagbo, to write the book "the joy to serve," and Albert Tévoédjrên, the mediator of the Republic of Benin, of the president Thomas Boni Yayi, to write the book "the joy of serving": the writing and the writer (who is the writer, to know how to write, and who is not a writer, to not know how to write)..? Writing lies in wisdom, with wisdom, and a writer is a sage who is with wisdom: the book "the joy to serve" written by myself, Georges Adéagbo, and the book "the joy of serving" written by Albert Tévoédjrên, the mediator of the Republic of Benin, of the president Thomas Boni Yayi (the people of the entire world, facing the development of the presidential elections in the Ivory Coast in the year 2010, in the Republic of Benin in the year 2011, finally, in France in the year 2012)..!

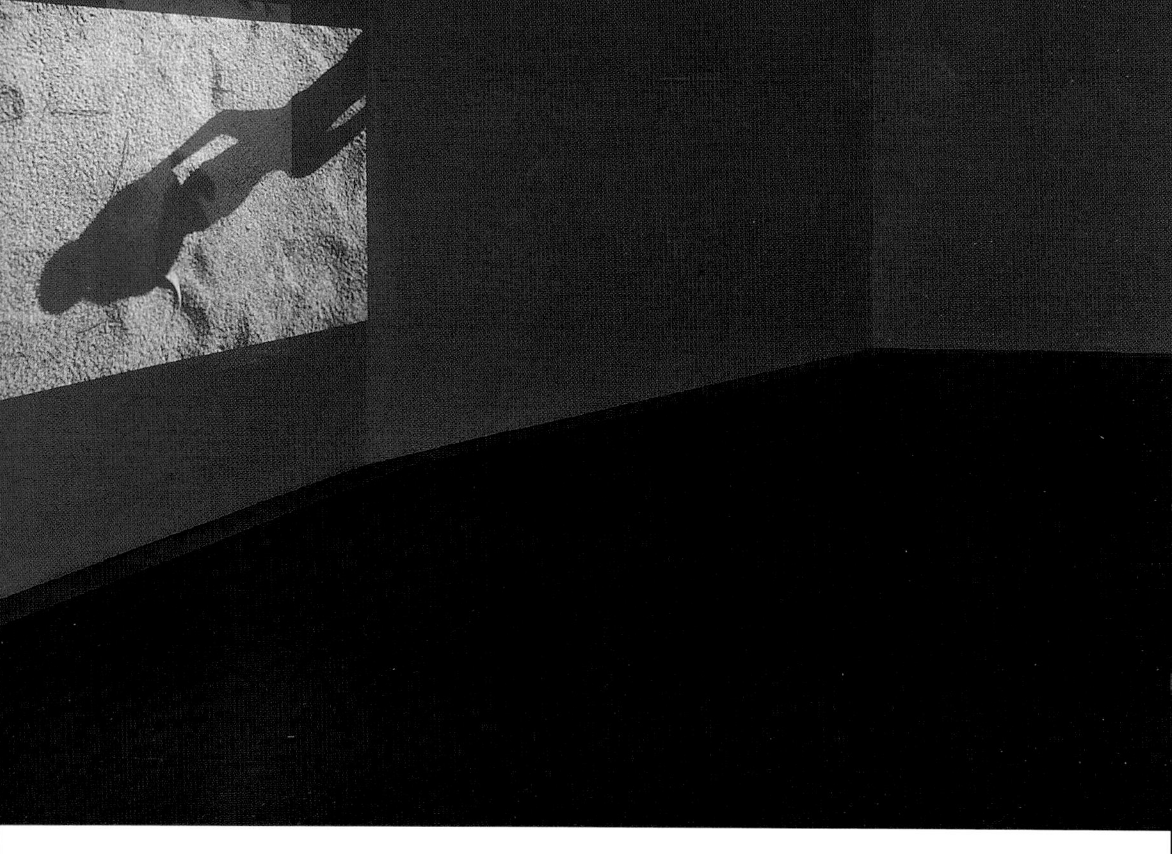

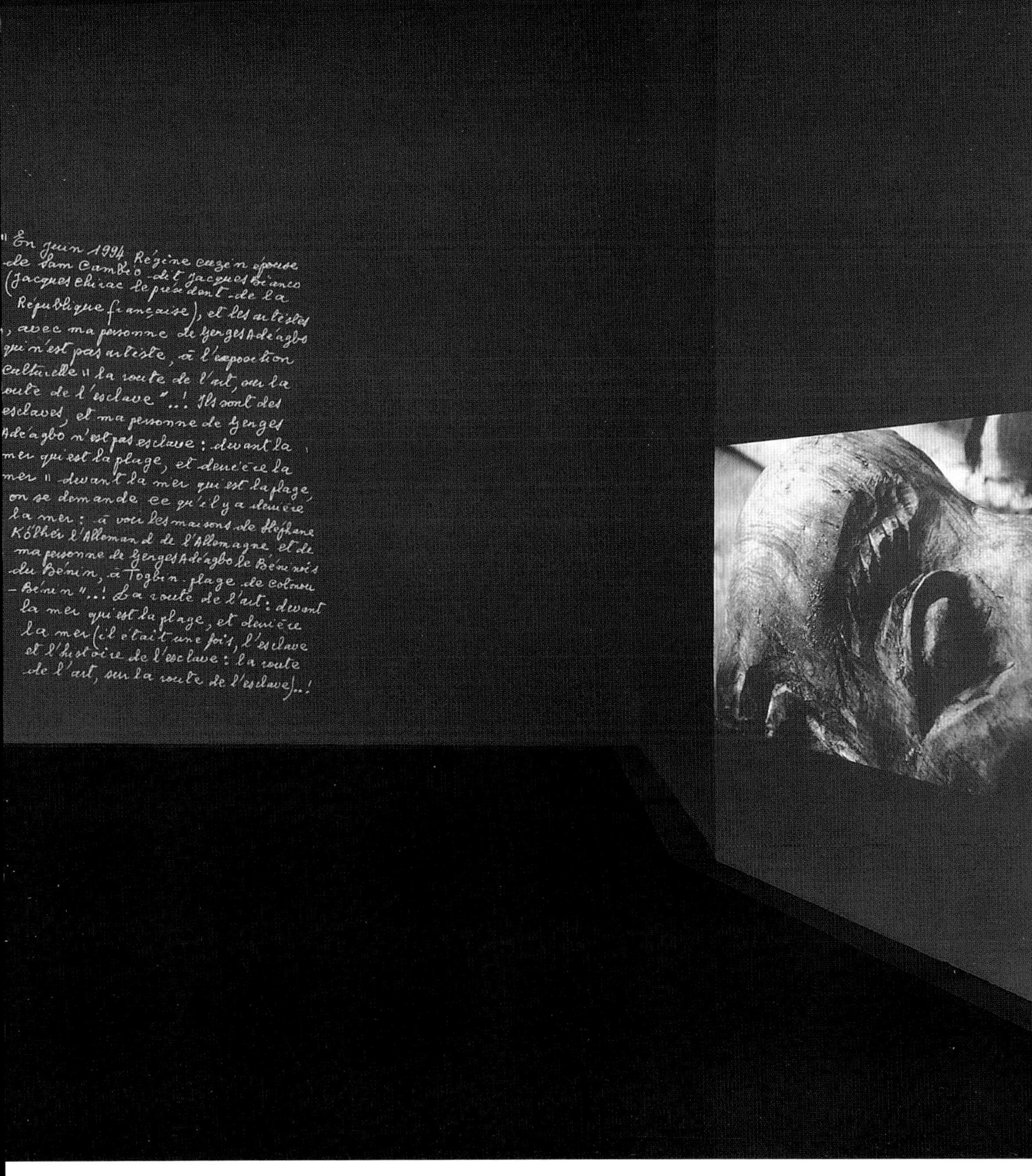
" En juin 1994 Régine crezin épouse
de Sam Cambio dit Jacques Bianco
(Jacques Chirac le président de la
République française), et les artistes
, avec ma personne de Gerges Adéagbo
qui n'est pas artiste, à l'exposition
culturelle " la route de l'art, sur la
oute de l'esclave "..! Ils sont des
esclaves, et ma personne de Gerges
Adéagbo n'est pas esclave : devant la
mer qui est la plage, et derrière la
mer " devant la mer qui est la plage,
on se demande ce qu'il y a derrière
la mer : à voir les maisons de Stephane
Kölher l'Allemand de l'Allemagne et de
ma personne de Gerges Adéagbo le Béninois
du Bénin, à Togbin plage de Cotonou
- Bénin "..! La route de l'art : devant
la mer qui est la plage, et derrière
la mer (il était une fois, l'esclave
et l'histoire de l'esclave : la route
de l'art, sur la route de l'esclave)..!

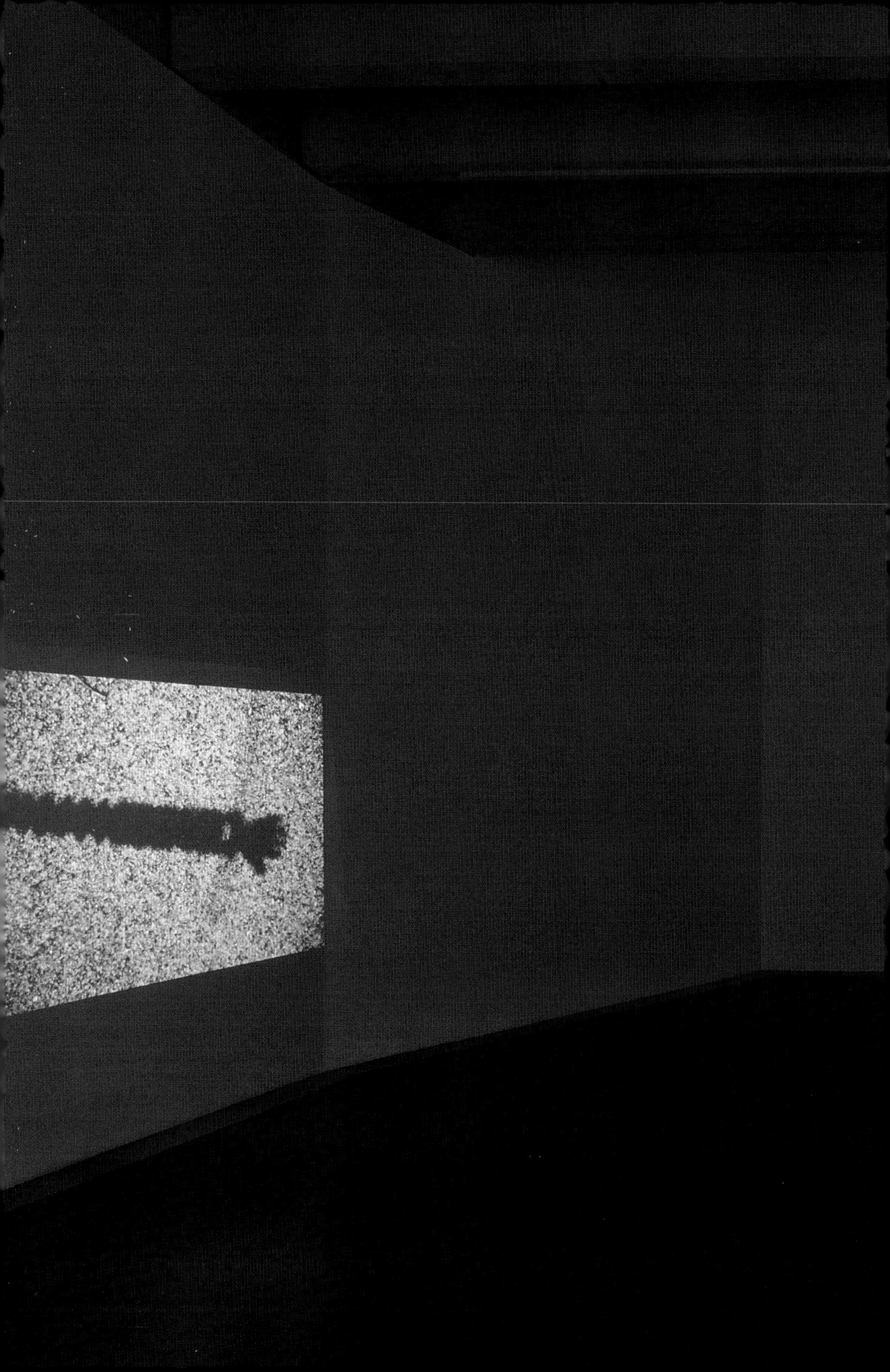

→ " Auprès de mon arbre : connaître Dieu, son témoignage inédit " ..! Abbé Pierre " 1912 - 2007 " l'homme qui nous reveillait, l'Abbé Pierre restera la personnalité préferée des français (la mémoire d'un croyant : la mission du missionnaire dans les sites spirituels parlant de l'existence de l'esprit, et faisant voir l'esprit)..!

La misión y los misioneros

Octavio Zaya

Si tomamos como aceptable que el proyecto general de Georges Adéagbo se concentra en torno a los tres estadios del encuentro, el intercambio y la unión —metodología que el artista entiende tanto conceptualmente como en el proceso mismo en el que concibe, desarrolla y presenta su obra—, entonces podríamos decir que *La misión y los misioneros* es ese momento que materializa el final del proceso donde la obra finalmente se realiza. En efecto, esta monumental instalación que el artista elaboró y presentó por primera vez en el MUSAC y, en cierta medida, muchas de las últimas y amplias instalaciones de Adéagbo, se realizan en la unión. En el caso que nos ocupa, esa unión es el resultado del encuentro y el intercambio que el artista ha venido experimentando en y con España, en lo general, y particularmente en y con León.

Al inicio del proyecto, Adéagbo se interesó en investigar y desarrollar el tema de las misiones y los misioneros porque éste le ayudaba a explorar y a dilucidar no sólo un momento fundamental en el proceso y el establecimiento del proyecto colonial en África, sino también porque le ofrecía una oportunidad para plantear el papel del artista en relación con la institución en la que muestra su obra y con los agentes intermediarios que hacen posible tanto esa relación como la proyección de la obra. En ambos casos, las misiones y África por un lado, y el artista y la institución por otro, aspirarían, en la obra y en la práctica de Adéagbo, a una suerte de historicidad efectiva de la fusión de estos elementos de fuerzas dinámicas, lo que Gadamer entiende como conciencia histórica efectiva y lo que Fanon expresaba como el reclamo de la historicidad de la existencia africana.

Para el primero, nos encontramos en el lugar y el tiempo particulares de un mundo, nacidos en una sociedad específica, influenciados incluso por el paisaje; tenemos nuestros propios pensamientos, y maneras y actividades propias; seamos autores, lectores o intérpretes, estamos fundados en la historicidad de una vida-mundo comunal e intersubjetiva dentro del cual se desarrolla todo nuestro pensamiento, y por lo tanto estamos limitados por las tradiciones de nuestros contextos culturales. Con todo, "[la conciencia histórica efectiva] sabe de la apertura absoluta del significado-evento en el que participa... Cada asimilación de la tradición es históricamente diferente: lo que no significa que cada una represente sólo un entendimiento imperfecto de ésta. Más bien, cada una es la experiencia de una 'visión' del objeto mismo"[1]. Para Fanon, saber lo que uno quiere, en sus condiciones, es tener un entendimiento teórico concreto de la situación histó-

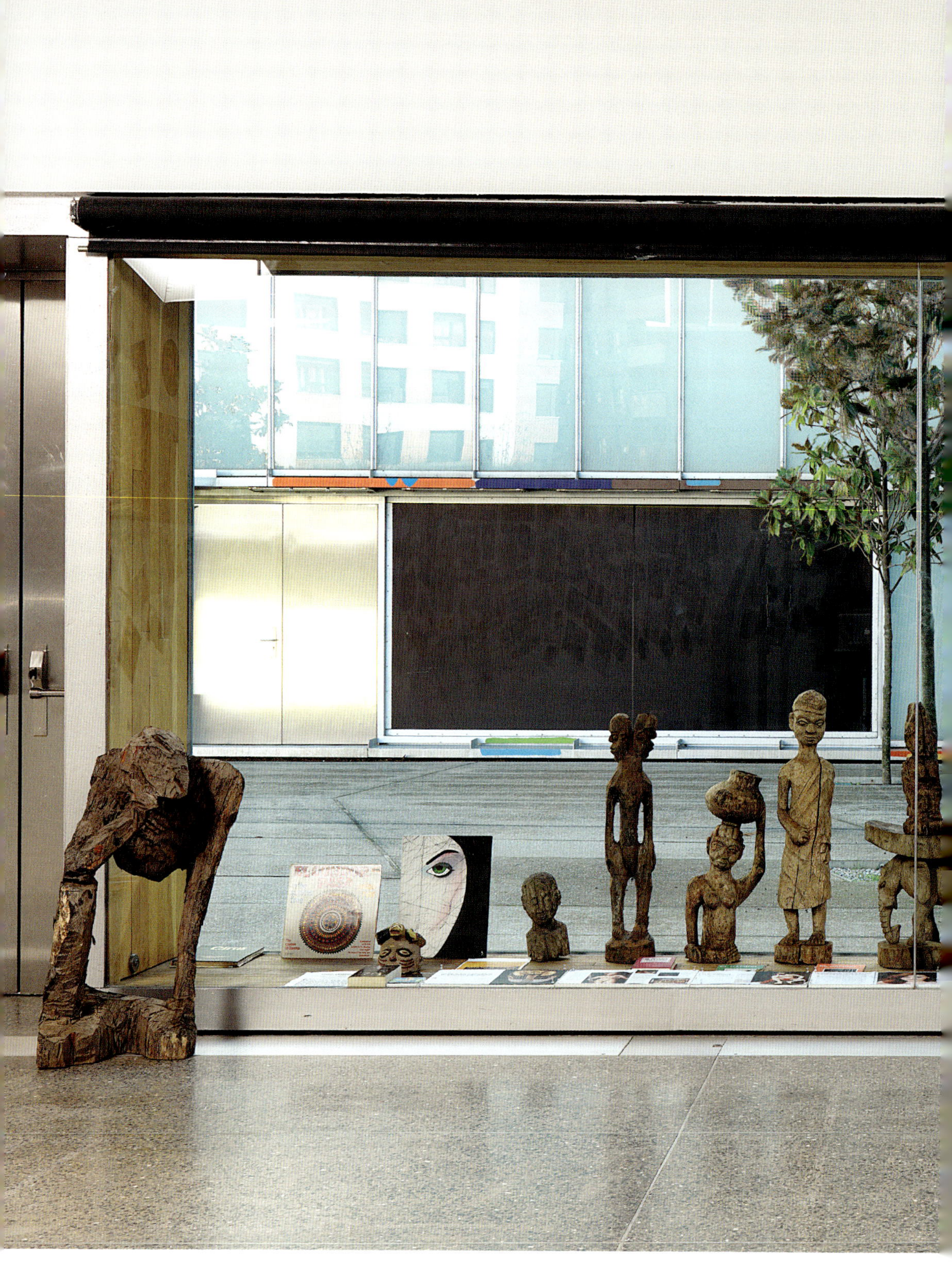

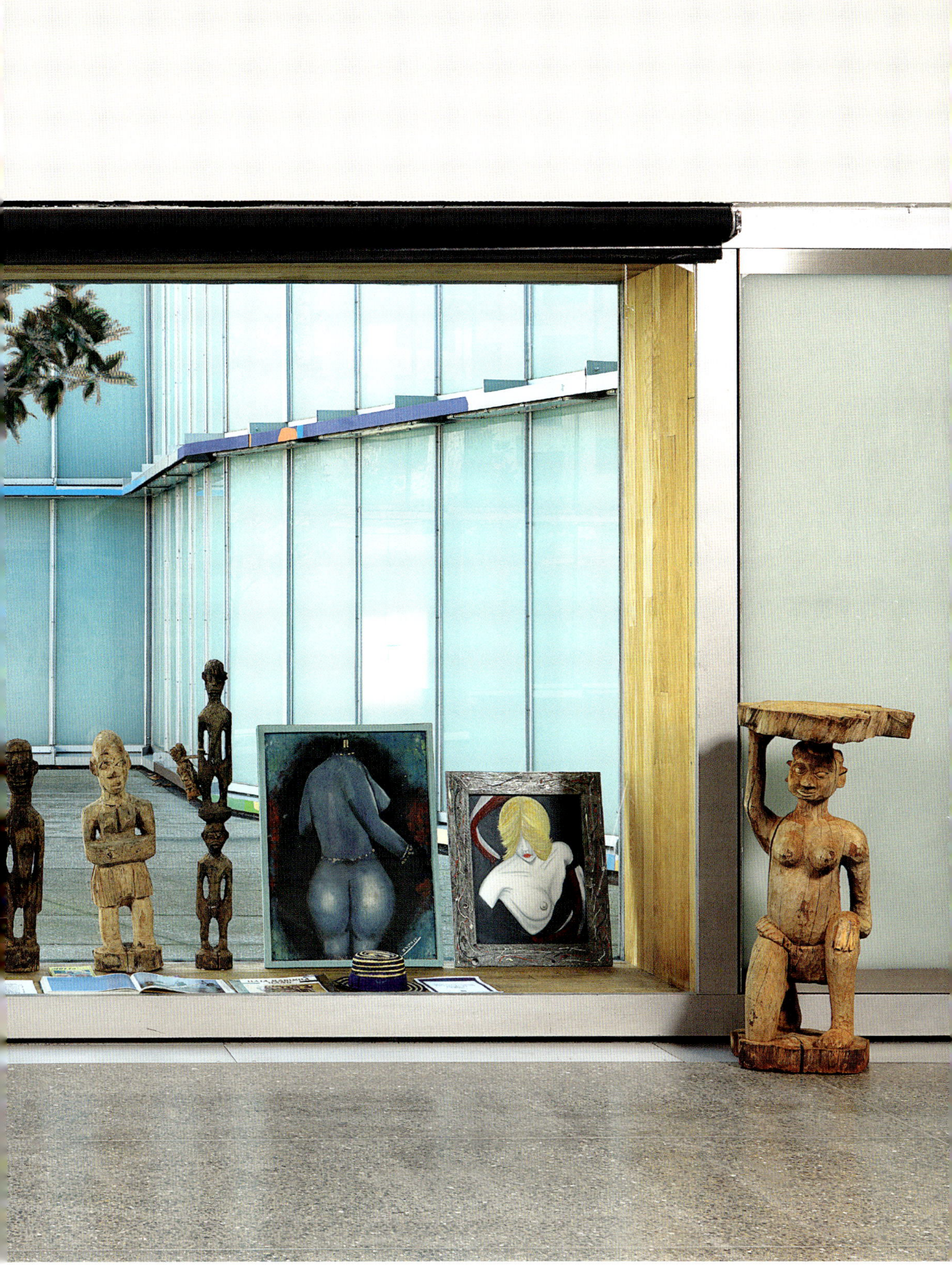

rica en la que uno vive. "La lucha por la libertad no devuelve a la cultura nacional su antiguo valor y forma; esta lucha que se propone un juego de relaciones fundamentalmente diferente entre los hombres, no puede dejar intacto ni la forma ni el contenido de la cultura de la gente. Después del conflicto no sólo desaparece el colonialismo sino también desaparece el hombre colonizado"[2].

Como también hemos visto en las más relevantes instalaciones de Adéagbo —incluyendo *La rencontre de l'Afrique et du Japon*, *Abraham, l'ami de Dieu*, *L'explorateur et les explorateurs devant l'histoire de l'exploration*, *Le canibalisme* y *The African Socialism*— ésta es, pues, la misión, la misión de Adéagbo, lo que Stephan Köhler caracteriza como "un mapa vector de la constelación de fuerzas que condujeron a las condiciones presentes de una situación", una herramienta de navegación con la que asegurarse que está en la senda que le ha sido trazada[3]. Obviamente, Adéagbo no presenta una aproximación sistemática del tema y ni siquiera lo intenta en esas mencionadas instalaciones o en ésta que nos ocupa. Su misión es diferente. En este caso sí se ha familiarizado con el tema de las misiones en relación al reino de Castilla y León —particularmente en su evangelización de las Américas— y, en general, sobre la participación española en las misiones, incluyendo las misiones en el norte de África y Guinea Ecuatorial. Adéagbo también se familiarizó con el comercio de esclavos africanos que una compañía inglesa suministraba a los españoles para su explotación en las colonias del Caribe hispano o en Colombia.

En cualquier caso, Adéagbo es consciente de que Europa se propuso el dominio del mundo y de África, no a partir del reconocimiento de sus intereses económicos y coloniales sino bajo la ilusión de que estaba propagando la civilización y cristianizando por el mundo. Para la conciencia del colonialista, el colonialismo es un proyecto altruista y generoso. Mudimbe ha planteado, en efecto, que el proyecto colonial ha sido siempre, y no puede sino ser, una misión doble de dominio espiritual y terreno, disfrazada, incluso para sí mismo, como misión civilizadora y evangélica para el mundo[4]. Tsenay Serequeberhan nos recuerda, además, que la conciencia colonial no consideraba que violaba o transgredía las culturas no europeas sino que realizaba la misión conferida a los apóstoles: difundir la fe por las cuatro esquinas del globo[5]. Incluso Hegel presentaba la expansión colonial como la solución ideal a las contradicciones internas e inherentes a la modernidad europea. Siguiendo a Serequeberhan, la expansión y la colonización sistemática dirigida por el Estado representan el proceso a través del que se propagan la cultura y la civilización. "Lo que silenciosamente se deja fuera del cuadro es el hecho de que la globalización de la civilización europea presupone y se fundamenta en la destrucción sistemática de las civilizaciones no europeas"[6]. Incluso para Marx, el colonialismo se asume como un paso necesario en el desenvolvimiento de la historia mundial. Y en este contexto, Serequeberhan no podía sino referirse a las opiniones de los precursores centrales de la filosofía europea del siglo diecinueve: Hume y Kant. El primero se considera "apto para sospechar que los negros, y en general todas las especies humanas (porque hay cuatro o cinco clases diferentes), sean naturalmente inferiores a los blancos. Nunca hubo una nación civilizada de otro color sino blanco". Y el segundo afirma que "la diferencia es tan fundamental entre las dos razas humanas, y parece ser tan grande con respecto a las capacidades mentales como al color"[7].

Como de costumbre, una vez establecido el tema de trabajo, Adéagbo emprendió la investigación en torno a éste, en libros, revistas, catálogos, periódicos y folletos que fue acumulando en relación a España, visitando instituciones e iglesias, adquiriendo objetos en mercados de pulgas y fiestas populares en Madrid y en León, y también a partir de su archivo personal, de sus notas y textos, de lo que encontró en sus paseos y de los encargos que realizó para reproducir pinturas, bajo relieves y figuras de esas instituciones e iglesias en su taller de Cotonú, Benín. El resultado es literalmente inabarcable porque no existe una voluntad de ordenación y clasificación sistemática en torno a lo que pertenece propiamente al contexto cultural en el que desarrolla su práctica, ni lo que ha encontrado en su nueva relación e intercambio. Los encuentros inverosímiles y las yuxtaposiciones que caracterizan la instalación tienen por un momento la apariencia de mercadillos de confusión y paradoja, pero pronto descubrimos, mientras recorremos la obra, que esas contradicciones y lo que en principio aparenta falto de referente no se proponen juzgar, validar o imponer sino propiciar, indirectamente, reconocimiento y cumplimiento, cuestionando tanto el arte como la historia en nombre del tema, mientras reúne el arte, el pasado, el presente, y las inquietudes y sueños comunitarios en un despliegue de aproximaciones y distancias, correspondencias y diferencias, eventos y subjetividades que nos ayuden a encontrar una senda, nuestra senda.

Como el origen de todas las instalaciones de Adéagbo, ese despliegue se corresponde con los ensamblajes que realiza en el patio de su casa en Cotonú y, más ampliamente, en su compleja

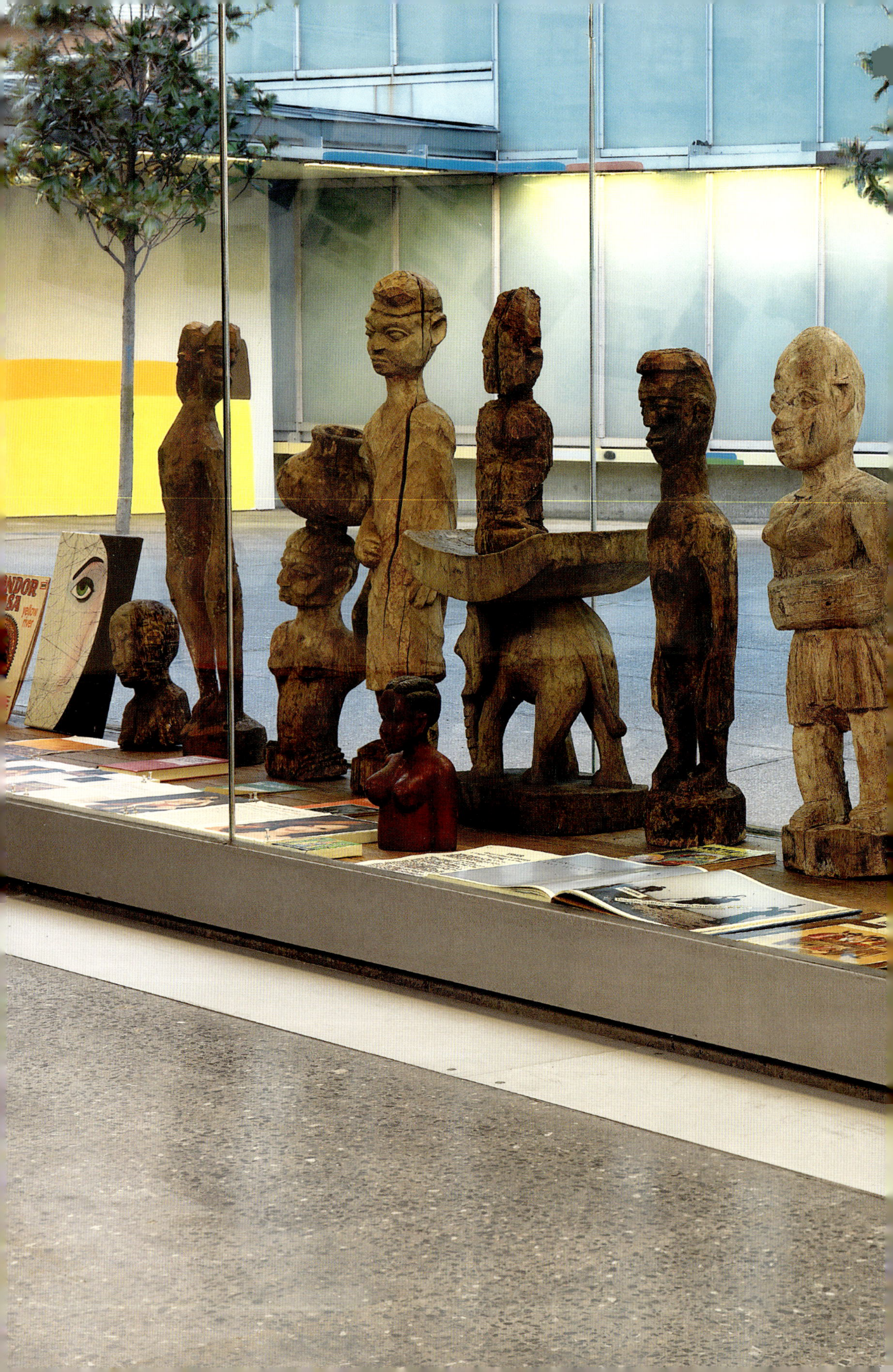

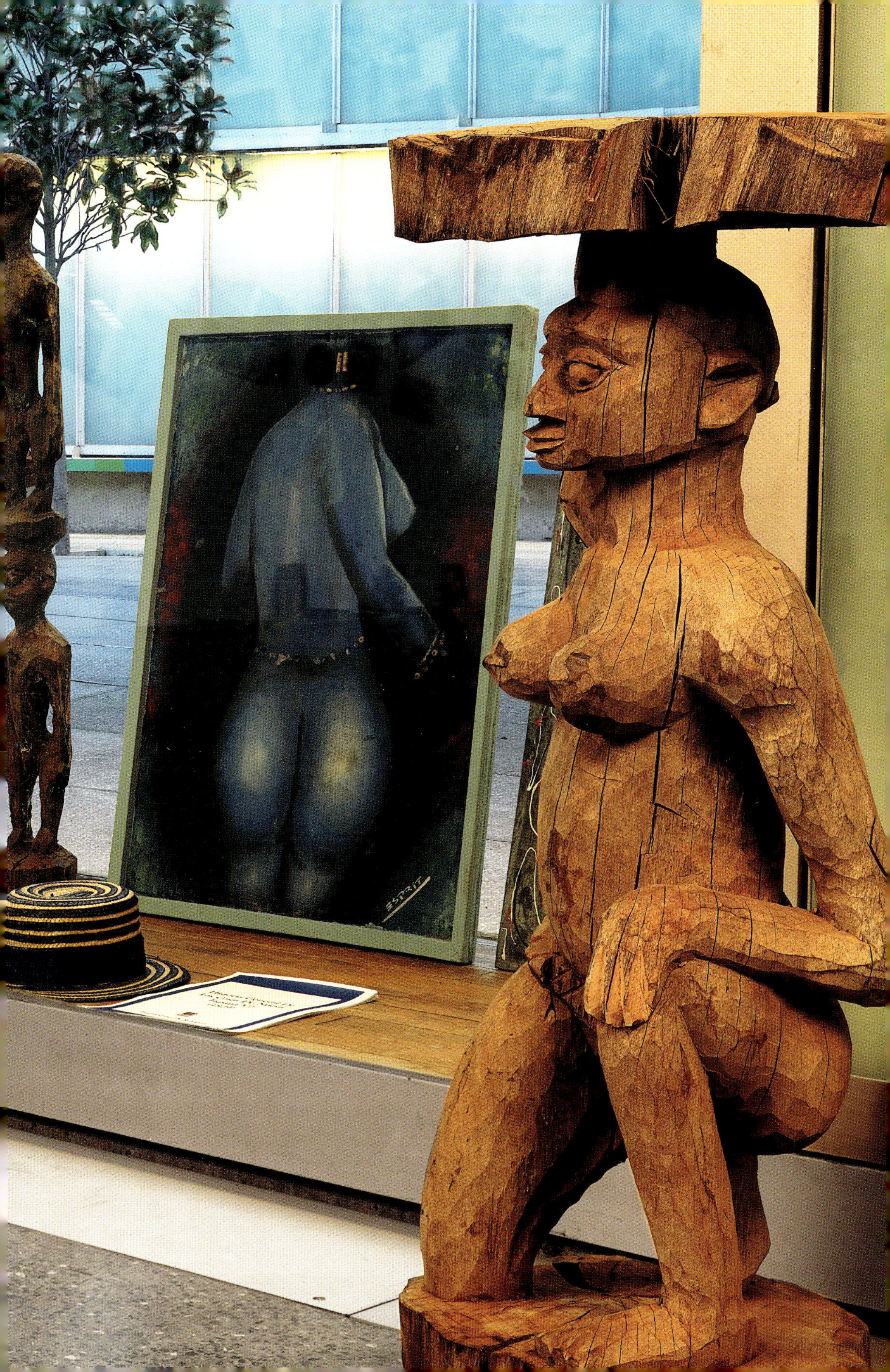
ESPRIT

estructura, con las formaciones y altares propios de la cultura estética de vodun, pariente de la santería, aunque ciertamente la forma de la obra se corresponde igualmente con lo que Okwui Enwezor caracteriza "como pura contingencia, como espacio perpetuo de acumulación y de consumo, disipación y colocación"[8]. La conjunción de la verticalidad y horizontalidad de ésta y otras instalaciones anteriores, que podría entenderse como la tensión y la contención entre la tradición y la transición, constituyen a la vez, para Homi Bhabha, "ambos ejes de la representación y el acto de la contemplación al pasar y enfrentarse entre sí en la experiencia del espectador: la pared y el piso; la pantalla y el escenario; la vista y el lugar; el arte y el objeto"[9]. En la estética vodun, igualmente, la constante negociación entre la tradición y lo nuevo, lo local y lo distante, disuelven, mezclan y trascienden las fronteras entre la tradición y la transición, lo "tradicional" y lo "contemporáneo", y es precisamente esa naturaleza siempre cambiante, que todo lo abarca de la cultura vodun, la que facilita esa trascendencia.

En el proceso y la metodología de sus planteamientos y compromiso, en el proceso que le conduce a la propia especificidad local de los numerosos ensamblajes que componen "La misión y los misioneros", y en su misma iconografía, Adéagbo nos emplaza indirectamente a cuestionar no sólo las fórmulas y los procedimientos del entorno cultural en el que estamos insertos sino la propia relación de la cultura en general con el arte y los artistas de origen africano. A partir de la acumulación y el despliegue de sus objetos y de sus textos, en la lectura abierta y compleja que establece entre lo visual y lo textual, entre el icono y la inscripción, la obra consigue proyectar la presencia y centralidad de África a la vez que garantiza y subraya su historicidad. La obra se sitúa en la tensión entre lo global y lo local como espacio de una crisis de representación que afecta a las formas de lo común y a las políticas del tiempo y del espacio, al conocimiento cultural y a las ciencias humanas.

1. Gadamer, Hans-Georg, *Truth and Method* (trad. y ed. de Garrett Bardem y John Cumming), (Nueva York: Continuum, 1975 y 1979), p. 430.

2. Fanon, Frantz, *The Wretched of the Earth*, Nueva York, Grove Press, 1968, p. 246.

3. Köhler, Stephan, "Georges Adéagbo: The Story of the Lion" http://www.jointadventures.org/adeagbo/adhome.htm

4. Mudimbe, Valentin Y., "African Gnosis: Philosophy and the Order of Knowledge," *African Studies Review*, vol. 28, nos. 2-3, junio-septiembre 1985, p. 154.

5. Serequeberhan, Tsenay, *The Hermeneutics of African Philosophy* (Nueva York, Londres: Routledge, 1994), p. 59.

6. Ibid., p. 61.

7. Ibid., p.61. Ambas citas fueron tomadas por Serequeberhan del ensayo de Richard H. Popkin, "Hume's Racism," *The Philosophical Forum*, vol. 9, nos. 2-3, invierno-primavera 1977-1978. El comentario de Hume está en la p. 213, y el de Kant en la p. 218.

8. Enwezor, Okwui, "The Ruined City: Desolation, Rapture and Georges Adéagbo," *Nka Journal of Contemporary African Art*, no. 4, primavera 1996, pp. 14-18.

9. Bhabha, Homi K., "La Question Adéagbo", *DC: Georges Adéagbo*, (Colonia: Walther König, Museum Ludwig, 2004), p. 31.

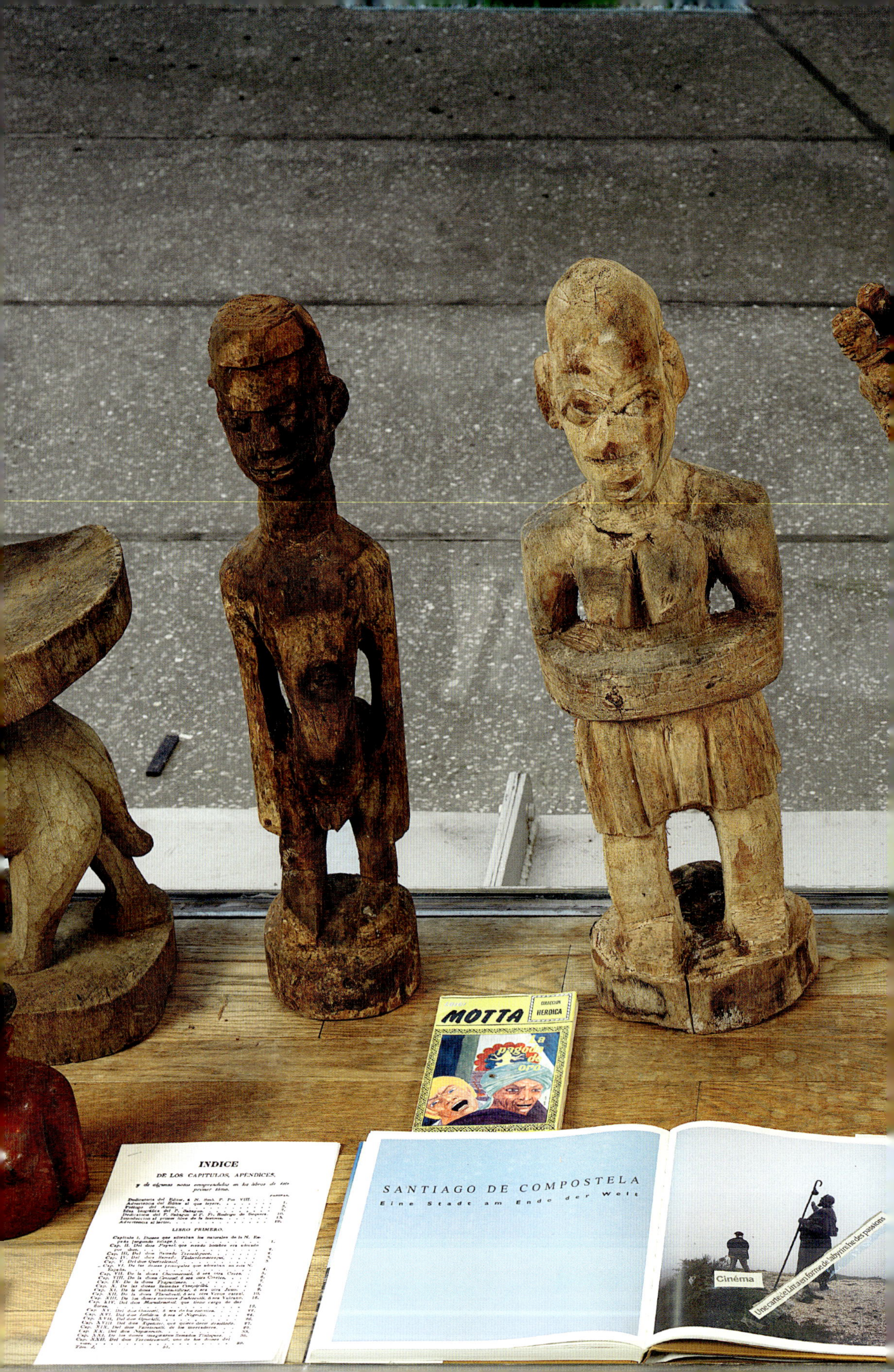
MOTTA
COLECCION
HEROICA
INDICE
DE LOS CAPITULOS, APENDICES,
SANTIAGO DE COMPOSTELA
Eine Stadt am Ende der Welt
Cinéma
Une carte de Lima en forme de labyrinthe des passions

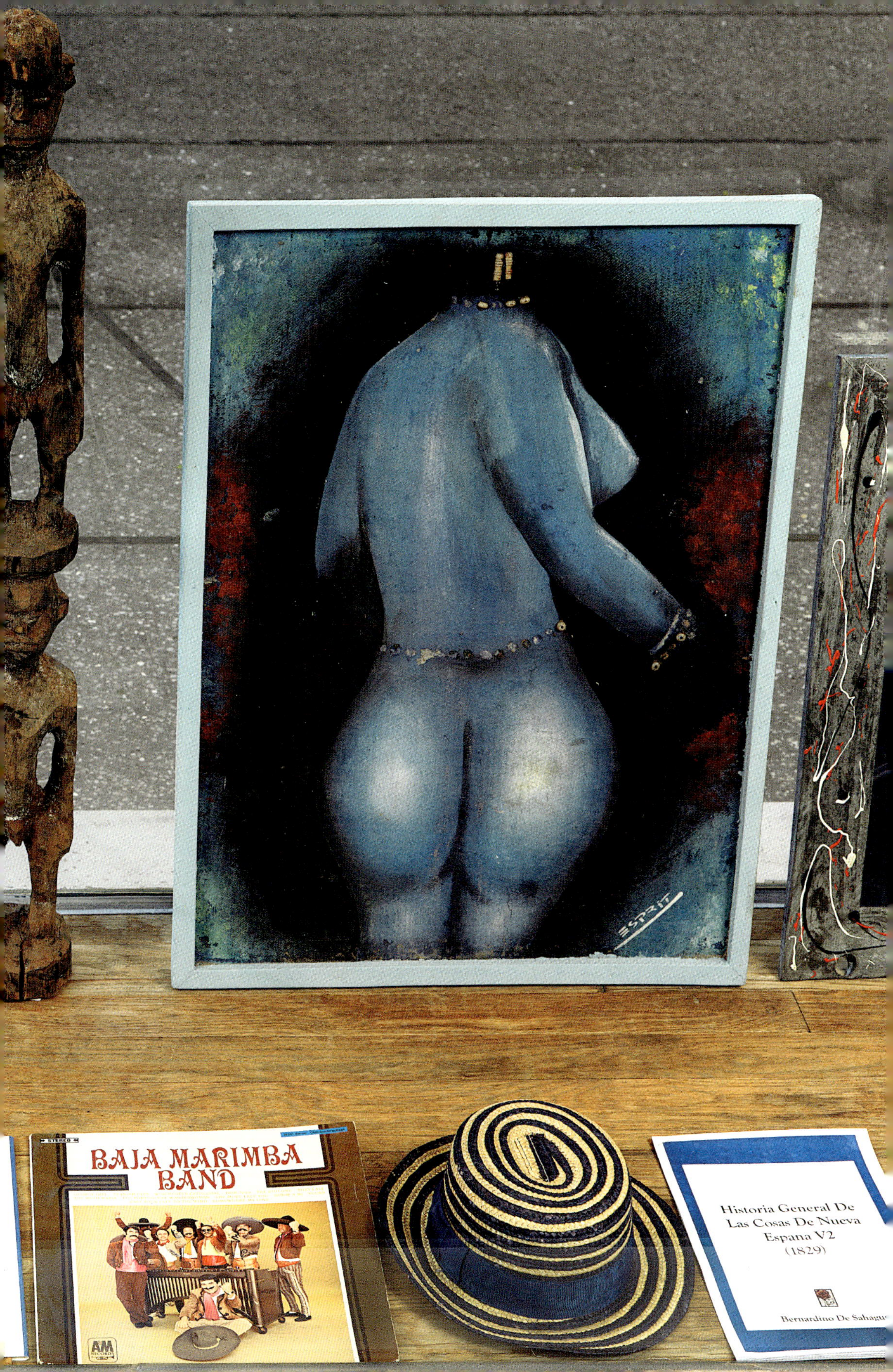
ESPRIT
STEREO
BAJA MARIMBA BAND
A&M RECORDS
Historia General De Las Cosas De Nueva Espana V2 (1829)
Bernardino De Sahagu

The Mission and the Missionaries

Octavio Zaya

If we agree that Georges Adéagbo's general project focuses on the three stages of encounter, exchange, and union—a methodology that the artist not only understands conceptually but is at the heart of the very process through which he conceives, develops, and presents his work—then we could say that *The Mission and the Missionaries* is the moment of materialization at the end of the process whereby the work is ultimately realized. Indeed, the monumental installation that the Benin artist created and presented for the first time at MUSAC—and, to a certain extent, many of Adéagbo's latest and largest installations—came to fruition in this final stage of "union." In the case concerning us here, that union is the result of the artist's encounter and exchange in and with Spain in general and León in particular.

At the beginning of the project, Adéagbo was interested in investigating and developing the theme of missions and missionaries, not only because it helped him explore and elucidate a fundamental period in the process and establishment of the colonial project in Africa, but also because it afforded him an opportunity to address the artist's role with regard to the institutions in which he shows his works and the intermediary agents that enable that relation and the work's eventual projection. In both cases—the missions and Africa, on the one hand, and the artist and the institutions, on the other—the subjects aspire, in Adéagbo's work and practice, to a sort of effective historicity in the fusion of elements of these dynamic forces—that is, to what Hans-Georg Gadamer sees as effective historical conscience, and what Frantz Fanon called the claim for historicity of the African existence.

For Gadamer, we find ourselves in the particular place and time of a world, born into a specific society, even influenced by the landscape; we have our own thoughts, our own manners and activities, whether we are authors, readers, or interpreters, yet we are rooted in the historicity of a communal and inter-subjective life-world within which all our thought is developed. We are therefore limited by the traditions of our cultural contexts. (Nevertheless, "[effective historical consciousness] knows about the absolute openness of the meaning-event in which it shares... Every assimilation of tradition is historically different: which does not mean that every one represents only an imperfect understanding of it. Rather, every one is the experience of a 'view' of the object itself.")[1] For Fanon, knowing what one wants, in its desired condition, is having a specific theoretical understanding of the historical situation in which one lives. "The struggle for freedom does not give back to the national

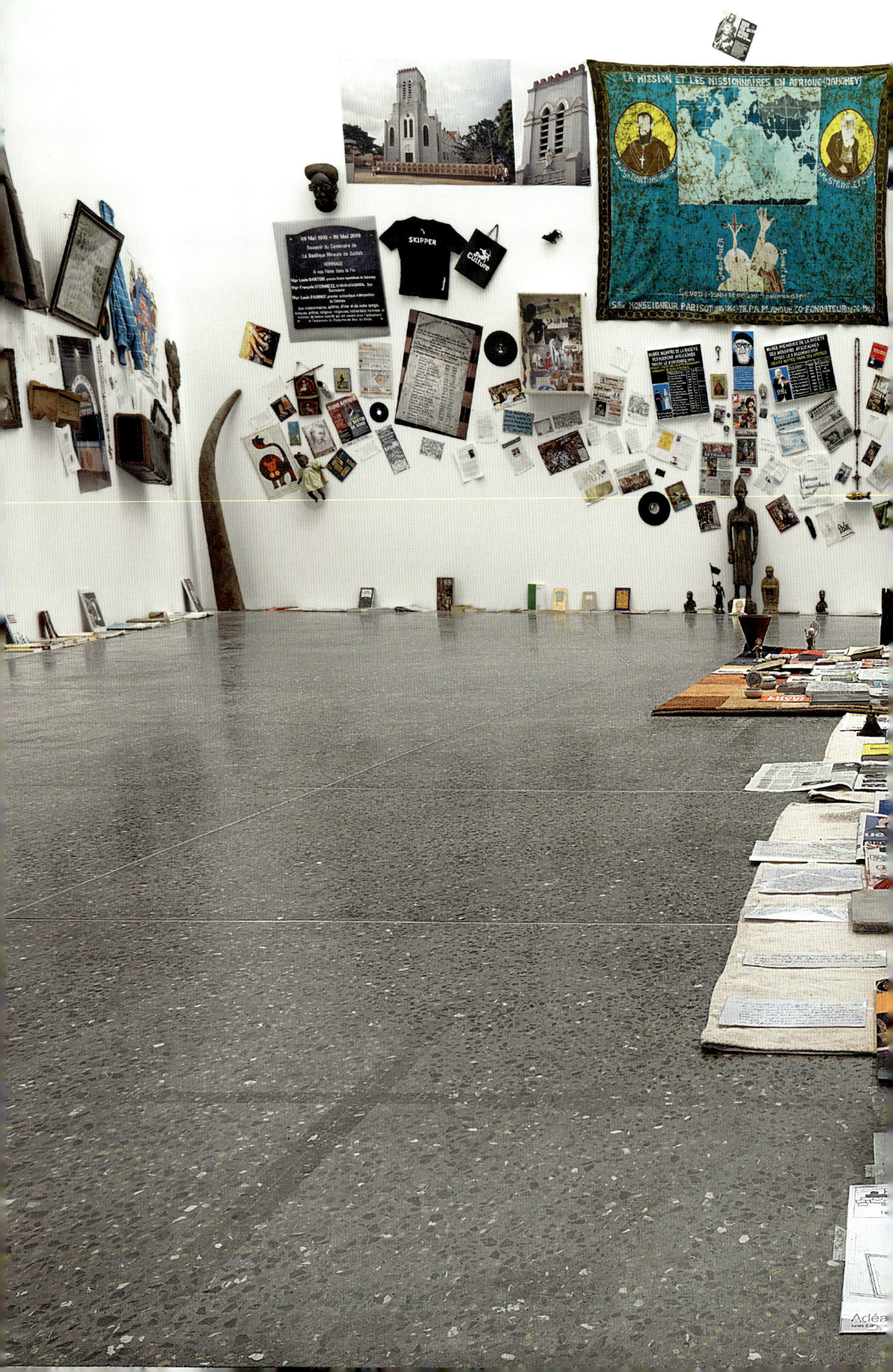
LA MISSION ET LES MISSIONNAIRES EN AFRIQUE (DAHOMEY)
SKIPPER

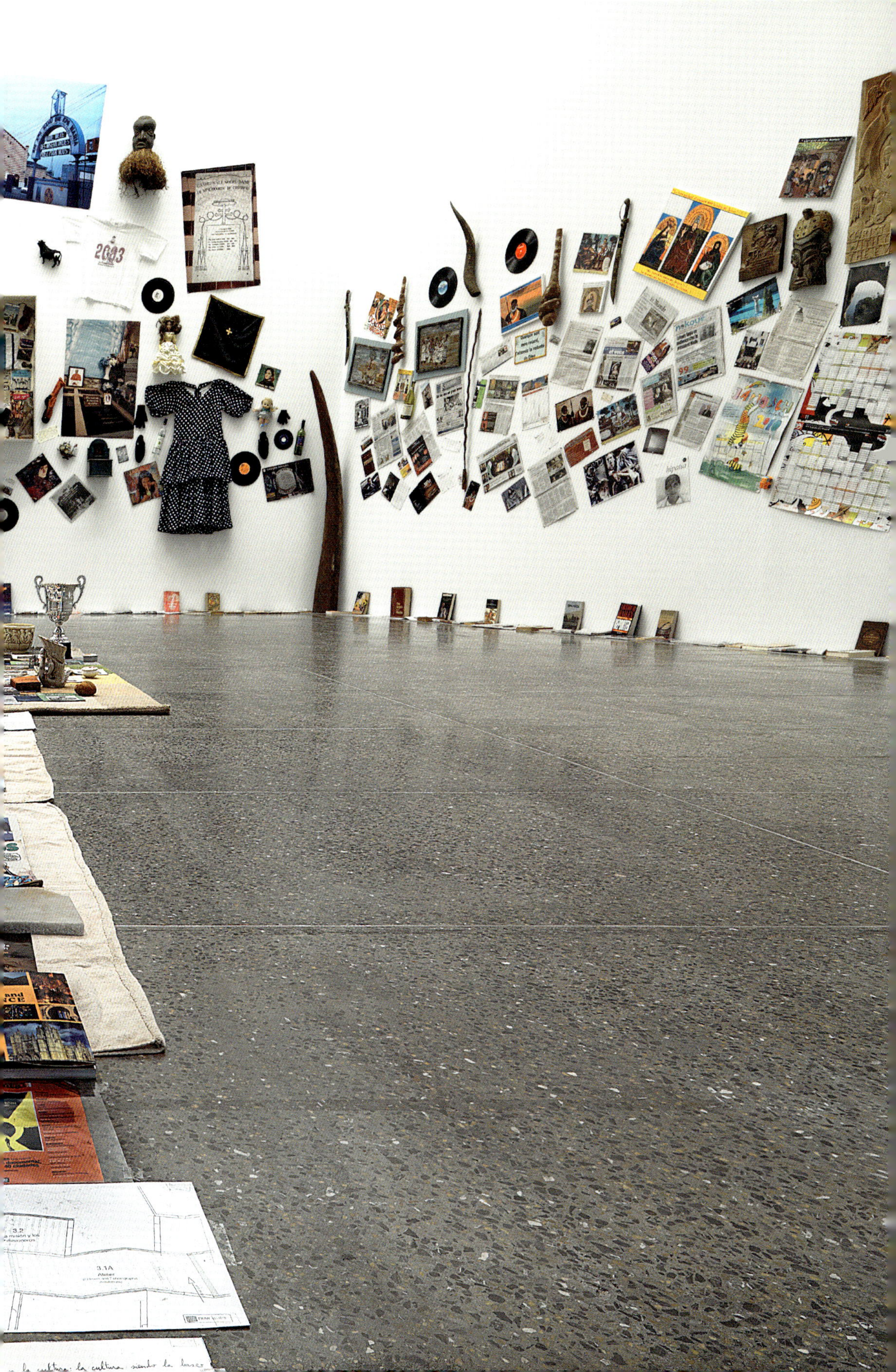

culture its former value and form; this struggle, which aims at a fundamentally different set of relations between men, cannot leave intact either the form or content of the people's culture. After the conflict, there is not only the disappearance of colonialism but also the disappearance of the colonized man."[2]

As we have also seen in Adéagbo's most relevant installations—including *La rencontre de l'Afrique et du Japon*, *Abraham, l'ami de Dieu*, *L'explorateur et les explorateurs devant l'histoire de l'exploration*, *Le canibalisme* and *The African Socialism*—this is, well, the mission, Adéagbo's mission, or what Stephan Köhler characterizes as "a vector map of the constellation of forces which led to the present conditions of a situation," a navigational tool with which to make sure that one is on the path that has been laid out for one.[3] Obviously, Adéagbo does not present a systematic approach to the theme; nor does he attempt this in those installations mentioned earlier or in the one with which we are here concerned. His mission is different. In this case, he has become familiar with the theme of the missions related to the kingdom of Castile and León—particularly in their evangelization of the Americas—and, in general, with the Spanish participation in the missions, including the missions in Northern Africa and Equatorial Guinea. Adéagbo also became familiar with the commerce in African slaves that an English company provided to the Spaniards for their exploitation of the colonies in the Hispanic Caribbean and Colombia.

In any case, Adéagbo is aware that Europe aimed to rule the world, including Africa, not based on the recognition of its economic and colonial interests, but under the illusion that it was spreading civilization and Christianizing the world. In the colonist's conscience, colonialism is an altruistic and generous project. Indeed, V.Y. Mudimbe has suggested that the colonial project has always been, and can be none other than, a double mission of spiritual and earthly control, disguised, even to itself, as a civilizing and evangelical mission for the world.[4] Tsenay Serequeberhan reminds us, furthermore, that the colonial conscience did not believe it violated or transgressed the non-European cultures but that it carried out the mission conferred on the apostles: to spread the faith to the four corners of the globe.[5] Even Hegel presented the colonial expansion as the ideal solution to the internal contradictions inherent in European modernity. Following Serequeberhan, the expansion and systematic colonization directed by the State represent the process whereby culture and civilization are propagated. "What is silently left out of the picture is the fact that this globalization of

European civilization presupposes and is grounded on the systematic destruction of non-European civilizations."[6] Even for Marx, colonialism is assumed to be a necessary step in the unfolding of world history. And, in this context, Serequeberhan could not but refer to the opinions of the major pioneers of nineteenth-century European philosophy: Hume and Kant. The former considers it "apt to suspect the negroes, and in general all the other species of men (because there are four or five different kinds) to be naturally inferior to whites. There never was a civilized nation of any other complexion than white." And the latter asserts, "so fundamental is the difference between the two races of men, and it appears to be as great in regard to mental capacities as in color."[7]

As usual, once the theme was established, Adéagbo began to investigate it, in books, magazines, catalogues, newspapers, and brochures about Spain that he gathered over time, visiting institutions and churches, acquiring objects in flea markets and popular celebrations in Madrid and León, and also using his own archive, his notes and writings, what he found on his walks, and the commissions he carried out reproducing paintings, bas-reliefs, and figures of those institutions and churches in his workshop in Cotonou, Benin. The result is literally unfathomable, because there is no effort at systematic ordering or classification of what strictly belongs to the cultural context in which he develops his practice, or what he found in its new relation and exchange. The unlikely encounters and juxtapositions that characterize the installation at first look like marketplaces of confusion and paradox, but we soon discover, as we explore the work further, that those contradictions and what initially seems like the lack of a frame of reference are not intended to judge, validate, or impose, but to indirectly encourage recognition and fulfillment, questioning both art and history through the theme, as it combines art, the past, the present, communitarian concerns, and dreams in a display of approximations and distances, similarities and differences, events and subjectivities that help us find a path, our path.

Like the origin of all Adéagbo's installations, that display is consistent with the assemblages he produces in the yard of his house in Cotonou and, more broadly, in their complex structure, with the formations and altars befitting the aesthetic culture of Vodun, which is related to Afro-Caribbean Santería, although the form of the piece is certainly also consistent with what Okwui Enwezor characterizes as "pure contingency, as a perpetual site of accumulation and consumption, dissipation and collocation."[8] The conjunction of

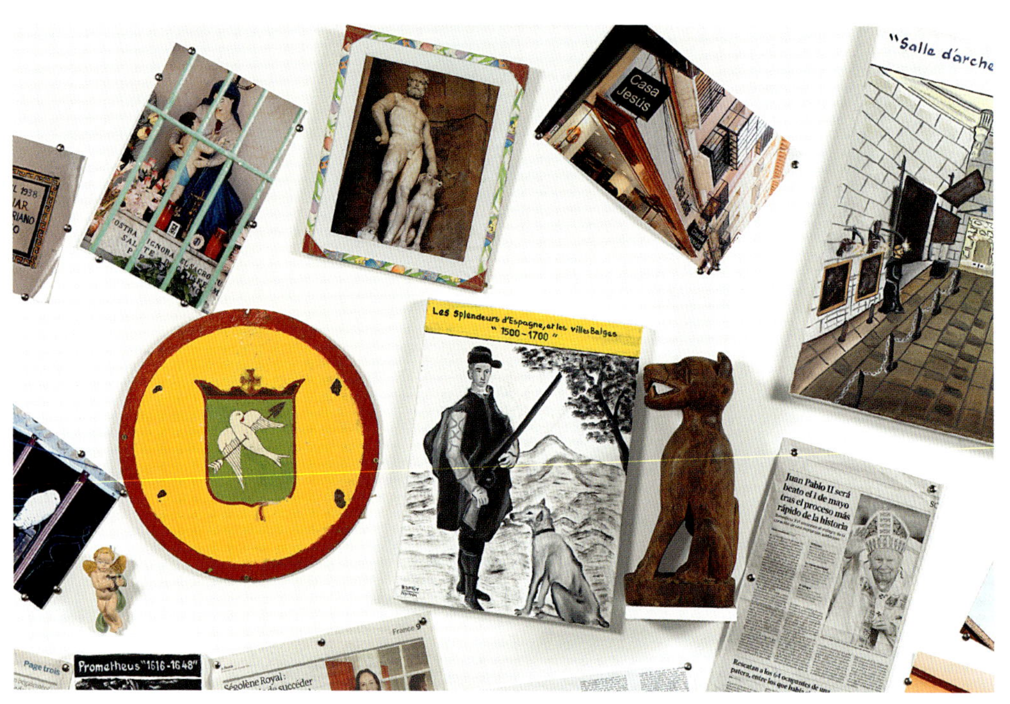
"Salle d'arche
Casa
Jesús
Les Splendeurs d'Espagne, et les villes Belges
" 1500-1700 "
Juan Pablo II será beato el 1 de mayo tras el proceso más rápido de la historia
Prometheus "1616-1648"
Page trois
Ségolène Royal :

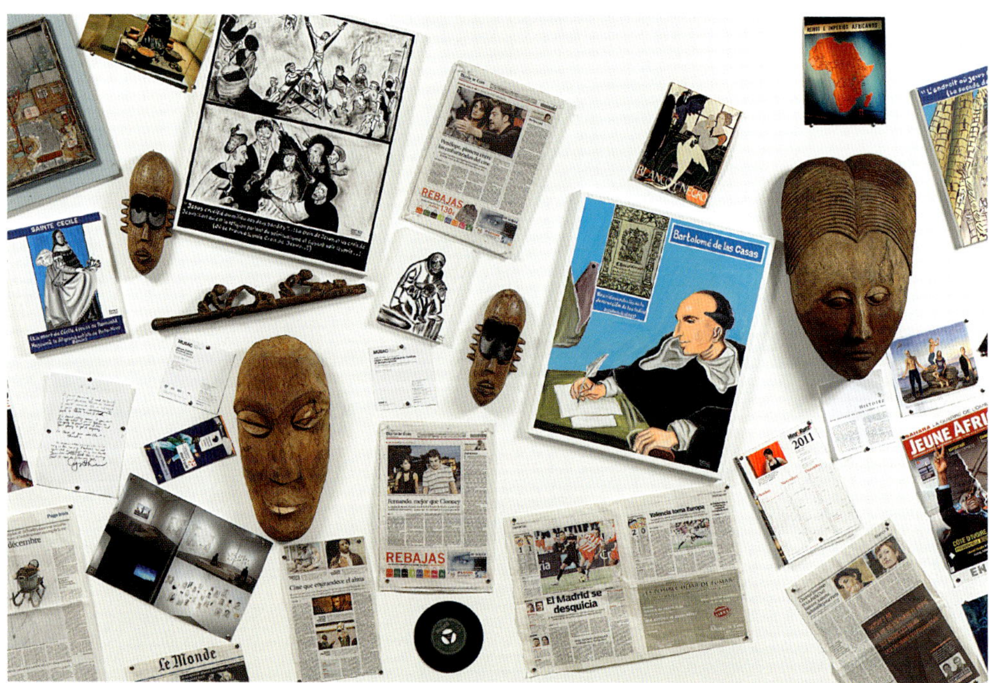
SAINTE CECILE
REBAJAS
Bartolomé de las Casas
JEUNE AFRI
2011
Fernando, mejor que Clooney
REBAJAS
Cine que engrandece el alma
El Madrid se desquicia
Valencia torna Europa
décembre
Le Monde

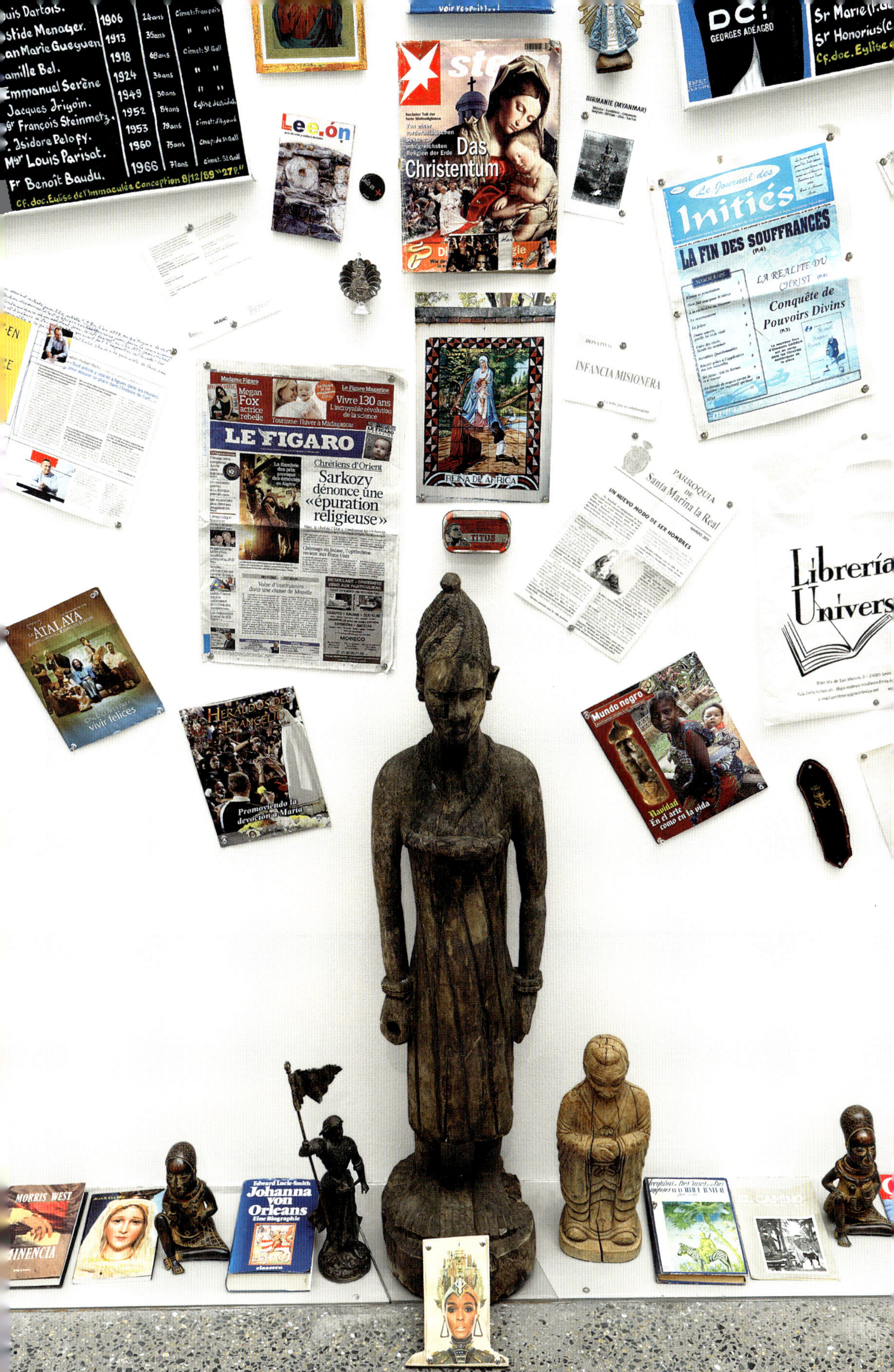

ouis Dartois. 1906 24ans Cimet: Français
stide Menager. 1913 35ans
an Marie Gueguen. 1918 68ans Cimet: St Gall
amille Bel. 1924 36ans
Emmanuel Serène 1949 30ans
Jacques Irigoin. 1952 84ans
Fr François Steinmetz. 1953 79ans
. Isidore Pelofy. 1960 75ans
Mgr Louis Parisot. 1966 71ans Cimet: St Gall
Fr Benoît Baudu.
Cf. doc. Eglise de l'Immaculée Conception 8/12/89 "27 P."
DC!
GEORGES ADÉAGBO
Sr Marie
Sr Honorius
Cf. doc. Eglise
Leeón
stern
Das Christentum
BIRMANIE (MYANMAR)
Le Journal des Initiés
LA FIN DES SOUFFRANCES
LA REALITE DU CHRIST
Conquête de Pouvoirs Divins
INFANCIA MISIONERA
REINA DE AFRICA
Madame Figaro
Megan Fox actrice rebelle
Le Figaro Magazine
Vivre 130 ans
L'incroyable révolution de la science
Tourisme: l'hiver à Madagascar
LE FIGARO
Chrétiens d'Orient
Sarkozy dénonce une «épuration religieuse»
TITUS
PARROQUIA DE Santa Marina la Real
UN NUEVO MODO DE SER HOMBRES
Librería Univers
LA ATALAYA
vivir felices
HERALDOS DEL EVANGELIO
Promoviendo la devoción a María
Mundo negro
Navidad
En el arte como en la vida
MORRIS WEST
INENCIA
Edward Lucie-Smith
Johanna von Orleans
Eine Biographie

the verticality and horizontality of this installation and earlier installations, which could be conceived as the tension and contention between tradition and transition, simultaneously constitute, for Homi Bhabha, "both axes of aesthetic representation and spectatorship, the vertical and the horizontal, as they run across/against each other in the viewing experience: the wall and the floor; the screen and the stage; sight and site; art and object."[9] Similarly, in Vodun aesthetics, the constant negotiation between tradition and the new, the local and the distant, blur, blend and transcend the borders between tradition and transition, the "traditional" and the "contemporary," and it is precisely the ever-changing, all-encompassing nature of Vodun culture that facilitates that transcendence.

In the process and methodology of his approach and commitment, in the process that leads him to the very local specificity of the numerous assemblages that compose *The Mission and the Missionaries*, and in its very iconography, Adéagbo indirectly urges us to question not only the formulas and procedures of the cultural environment in which we are inserted, but the very relation of culture in general to art and artists of African origin. Through the accumulation and display of his objects and writings, in the open and complex reading he establishes between the visual and textual, between the icon and the inscription, the work succeeds in projecting the presence and centrality of Africa while also guaranteeing and underscoring its historicity. The work is situated in the tension between the global and the local as a space of representational crisis that affects the forms of the common and the politics of time and space, cultural knowledge, and human sciences.

1. Gadamer, Hans-Georg, *Truth and Method* (trans. and ed. by Garrett Bardem and John Cumming), New York: Continuum, 1975 and 1979, p. 430.

2. Fanon, Frantz, *The Wretched of the Earth*, New York: Grove Press, 1968, p. 246.

3. Köhler, Stephan, "Georges Adéagbo: The Story of the Lion" http://www.jointadventures.org/adeagbo/adhome.htm

4. Mudimbe, Valentin Y., "African Gnosis: Philosophy and the Order of Knowledge," *African Studies Review*, vol. 28, nos. 2-3, June-September 1985, p. 154.

5. Serequeberhan, Tsenay, *The Hermeneutics of African Philosophy*, New York, London: Routledge, 1994, p. 59.

6. Ibid., p. 61.

7. Ibid., p. 61. Serequeberhan took both quotes from Richard H. Popkin's essay "Hume's Racism," *The Philosophical Forum*, vol. 9, nos. 2-3, winter-spring 1977-1978. Hume's commentary is on p. 213, and Kant's is on p. 218.

8. Enwezor, Okwui, "The Ruined City: Desolation, Rapture and Georges Adéagbo," *Nka Journal of Contemporary African Art*, no. 4, spring 1996, pp. 14-18.

9. Bhabha, Homi K., "La Question Adéagbo," *DC: Georges Adéagbo*, Cologne: Walther Konig, Museum Ludwig, 2004, p. 31.

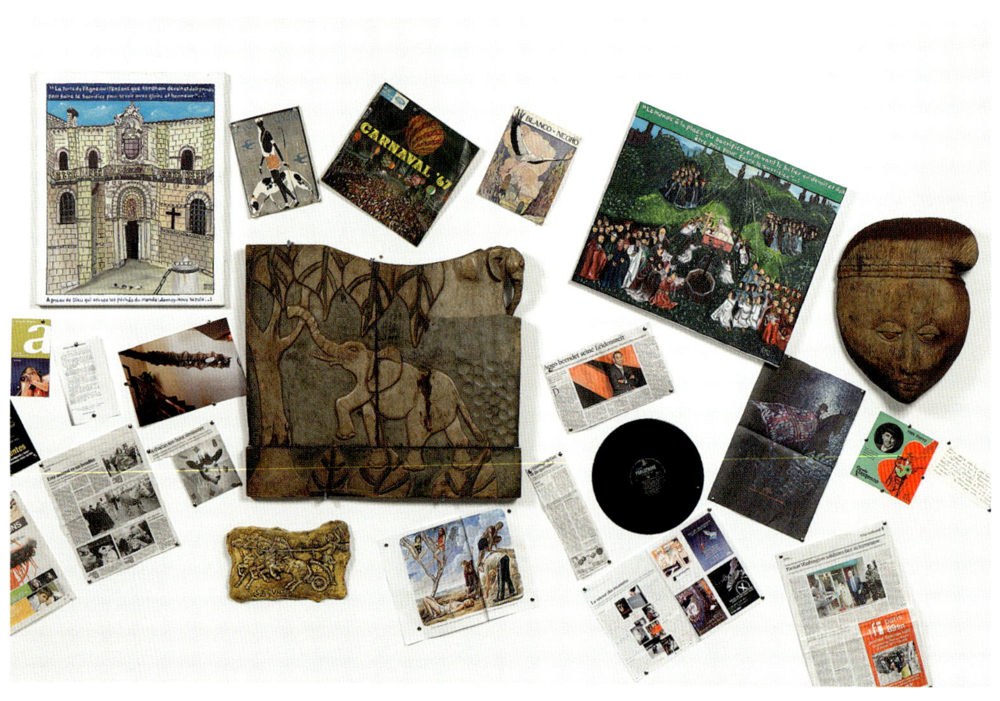
BLANCO · NEGRO

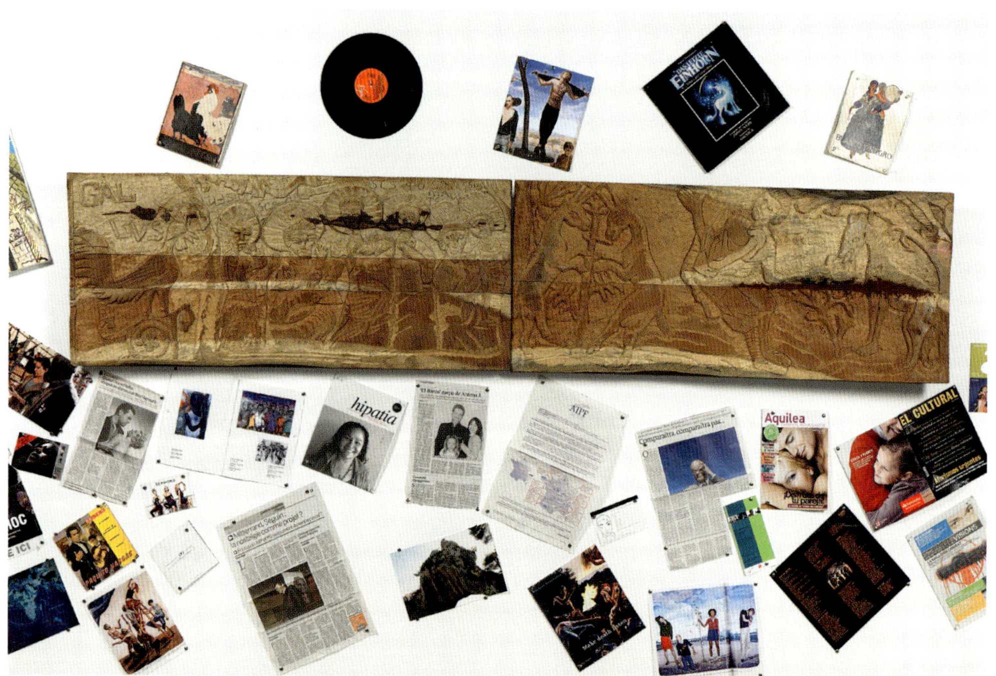
EINHORN
hipatia
Aquilea
EL CULTURAL

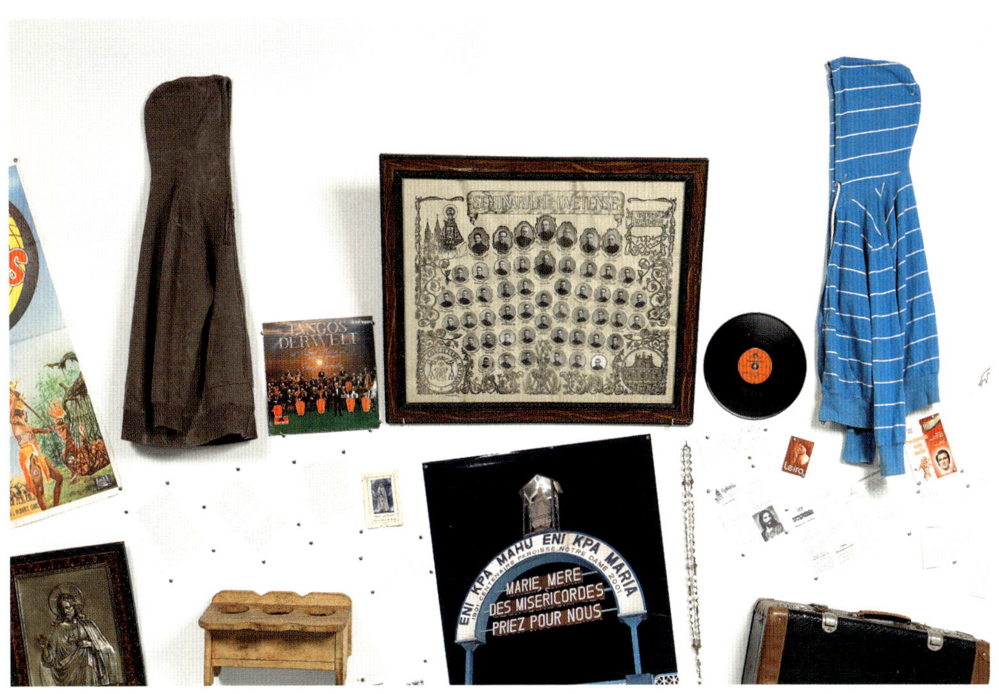
ENI KPA MAHU ENI KPA MARIA
1901 CENTENAIRE PAROISSE NOTRE DAME 2001
MARIE, MERE
DES MISERICORDES
PRIEZ POUR NOUS
Leira

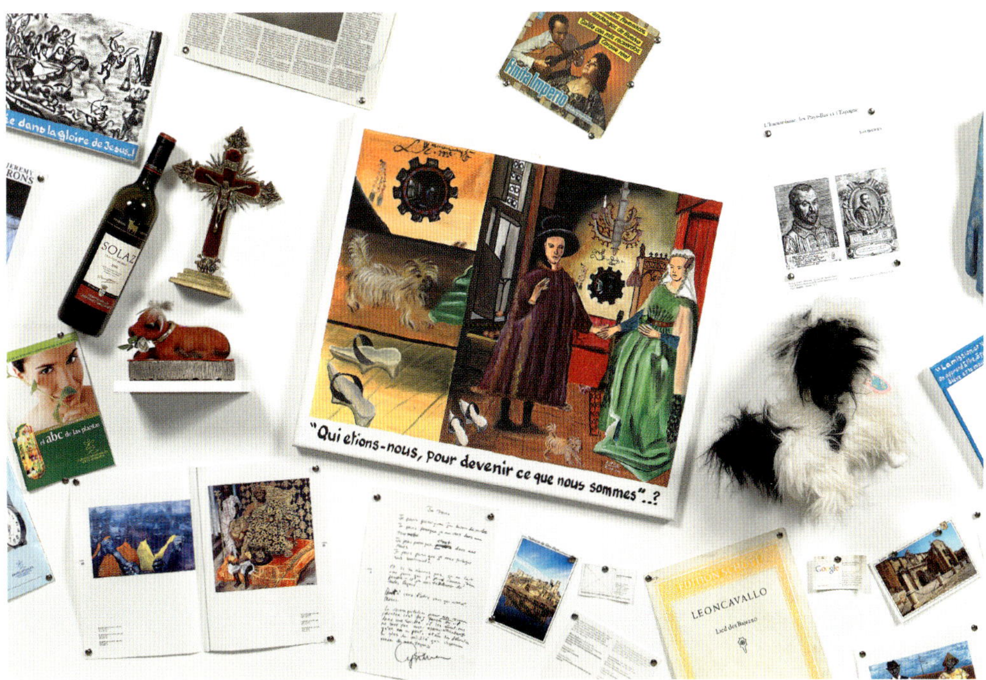
e dans la gloire de Jesus!
SOLAZ
el abc de las plantas
"Qui etions-nous, pour devenir ce que nous sommes"..?
LEONCAVALLO

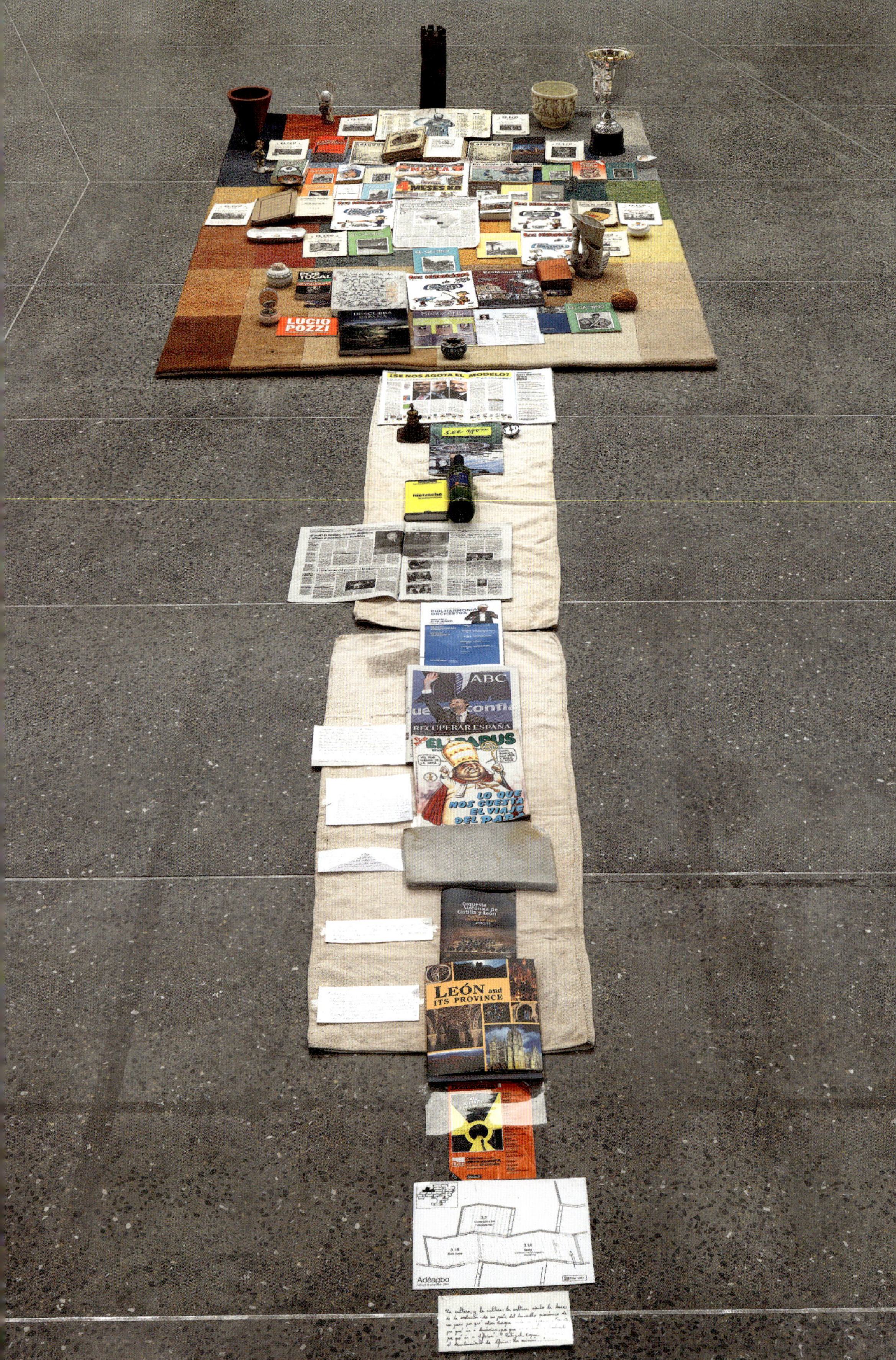
LUCIO POZZI
¿SE NOS AGOTA EL MODELO?
see you
PHILHARMONIA ORCHESTRA
ABC
RECUPERAR ESPAÑA
EL PAPUS
Orquesta Sinfónica de Castilla y León
LEÓN and ITS PROVINCE
Adéagbo

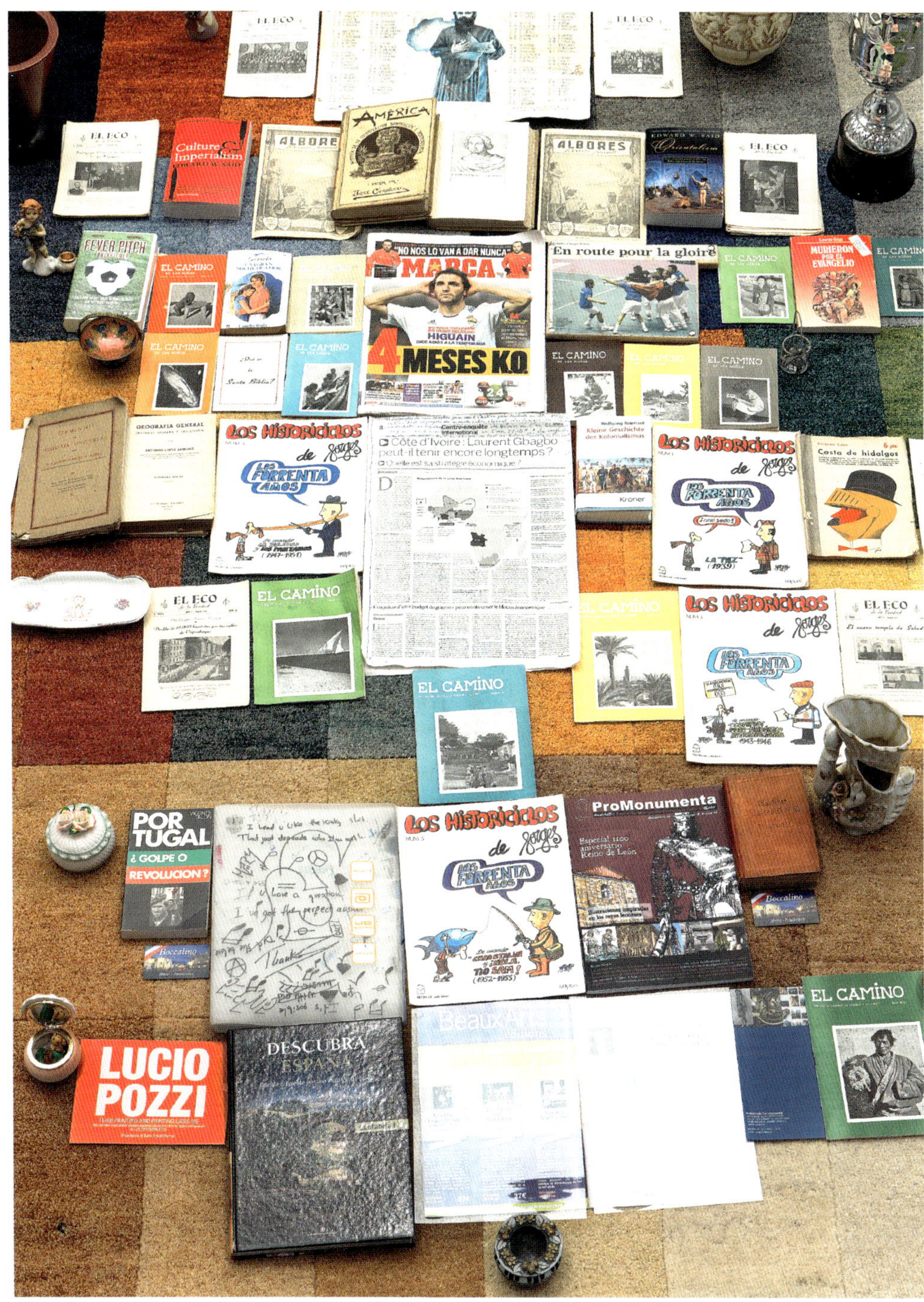
EL ECO
Culture & Imperialism
EDWARD W. SAID
ALBORES
AMÉRICA
ALBORES
EDWARD W. SAID
Orientalism
EL ECO
FEVER PITCH
EL CAMINO
¿Qué es la Santa Biblia?
EL CAMINO
¡NO NOS LO VAN A DAR NUNCA!
MARCA
HIGUAIN
4 MESES K.O.
En route pour la gloire
EL CAMINO
MURIERON POR EL EVANGELIO
EL CAMINO
GEOGRAFIA GENERAL
LOS HISTORICICLOS
de Forges
LOS FORRENTA AÑOS
Côte d'Ivoire : Laurent Gbagbo peut-il tenir encore longtemps ?
Quelle est sa stratégie économique ?
Kleine Geschichte des Kolonialismus
Kröner
LOS HISTORICICLOS
de Forges
LOS FORRENTA AÑOS
Costa de hidalgos
EL ECO
EL CAMINO
EL CAMINO
LOS HISTORICICLOS
de Forges
LOS FORRENTA AÑOS
EL ECO
EL CAMINO
PORTUGAL
¿GOLPE O REVOLUCION?
I have a question
I've got the perfect answer
Thanks
LOS HISTORICICLOS
de Forges
LOS FORRENTA AÑOS
ProMonumenta
Especial 1100 aniversario Reino de León
Boccalino
Boccalino
EL CAMINO
LUCIO POZZI
DESCUBRA ESPAÑA
BeauxArts

Apéndice
Appendix

Georges Adéagbo

(Cotonú, Benín, 1942. Vive y trabaja en Cotonú)
El mayor de once hermanos, inició estudios de Derecho y Empresariales en Francia, pero se vio obligado a abandonarlos para regresar a Benín tras la muerte de su padre. Dejando atrás a su novia francesa y una prometedora carrera, en 1971 Adéagbo asumió, en contra de su voluntad y retenido por su madre, la responsabilidad de cabeza de familia. Frustrado y desorientado ante la forma de vida tradicional beninesa que su entorno social trataba de imponerle, comenzó a reflexionar sobre el destino y la naturaleza, creando en el patio de su casa "constelaciones", en las que mezclaba objetos de la vida cotidiana con originales textos escritos por él.

Tras trabajar en soledad durante 23 años, fue invitado a presentar una primera muestra de su obra en Francia. Desde entonces, ha realizado exposiciones en todo el mundo, incluido el Palacio de las Naciones Unidas de Ginebra, la Serpentine Gallery de Londres, la Round Tower de Copenhague, la 2ª Bienal de Johannesburgo, la 24ª Bienal de São Paulo, las 48ª y 53ª Bienales de Venecia, y la Documenta 11 de Kassel.

(Cotonou, Benin, 1942. Lives and works in Cotonou)
The eldest of eleven brothers, Adéagbo studied law and business in France, but was forced to abandon his studies and return to Benin after the death of his father. Against his will and held back by his mother, in 1971 Adéagbo left his French girlfriend and a promising career to take on the responsibility of head of the family. Frustrated and disoriented, faced with the traditional form of Beninese life that his social environment tried to impose on him, he began to reflect upon destiny and nature, creating "constellations" in his garden, in which he combined objects taken from daily life with original texts written by him.

After working in solitude for 23 years, he was invited to present a first show of his work in France. Ever since then, he has had exhibitions all over the world, including the United Nations Palais des Nations, the Serpentine Gallery in London, the Round Tower in Copenhagen, the 2nd Johannesburg Biennale, the 24th Bienal de São Paulo, the 48th and 53rd Venice Biennales, and Documenta 11, Kassel.

Exposiciones individuales /
Solo Exhibitions

2011
La misión y los misioneros, MUSAC, León, España / Spain

2010
La Culture et les Cultures – La Chine a Hambourg, Galerie Holzhauer, Hamburgo, Alemania / Hamburg, Germany

2009
Die Kolonisation und die Geschichte der Kolonisierten, MAK, Viena / Vienna, Austria

2008
La rencontre! Venise-Florence, Palazzo Vecchio / Fritelli Arte Contemporanea, Florencia, Italia / Florence, Italy

La Belgique au Congo, Sint Lukasgalerie, Bruselas, Bélgica / Brussels, Belgium

2007
Tout de Moi à Tous, daadgallery, Berlín, Alemania / Berlin, Germany

La rencontre! Venise-Florence, Fondazione Querini Stampalia, Venecia, Italia / Venice, Italy

2005
Dieu-créateur dans la création / AC-DC Archiv des Museum Ludwig, Galerie Elisabeth Kaufmann, Zúrich, Suiza / Zurich, Switzerland

2004
L'explorateur et les explorateurs devant l'histoire de l'exploration! - Le théâtre du monde!, Museum Ludwig, Colonia, Alemania / Cologne, Germany

Le Socialisme Africain, Ikon Gallery, Birmingham, Reino Unido / United Kingdom

2001
L'Epoque Pythagoreene, Galerie im Taxispalais, Innsbruck, Austria

2000
La rencontre de l'Afrique et du Japon, Toyota Municipal Museum of Art, Toyota, Japón / Japan

Abraham, l'ami de Dieu, P.S.1, Nueva York, EE.UU. / New York, U.S.A.

1997
La mort et la résurrection, Galerie Natalie Obadia, París, Francia / Paris, France

La rédemption, le rédempteur, Le Quartier, Centre d'art contemporain, Quimper, Francia / France

Exposiciones colectivas / Group Exhibitions

2012
Intense Proximity, Trienal, Palais de Tokyo, París, Francia / Triennial, Paris, France

2011
ARS 11, Kiasma, Helsinki, Finlandia / Finland

ABSOLUTT INSTALLASJON, National Museum for Art, Architecture and Design, Oslo, Noruega / Norway

2010
Trasparenze, MACRO, Roma, Italia / Rome, Italy

2009
Hypocrisy-The Site Specificity of Morality, Oslo National Museum of Contemporary Art, Oslo, Noruega / Norway

2008
Ephemeral Fringes, Art Brussels, Bruselas, Bélgica / Brussels, Belgium

See History 2008, Kunsthalle, Kiel, Alemania / Germany

Intolerance, Ravello Festival, Sorrento, Italia / Italy

Fare Mondi, 53ª Bienal de Venecia, Venecia, Italia / 53rd Venice Biennial, Venice, Italy

Trasparenze, MADRE, Nápoles, Italia / Naples, Italy

2007
Créer le monde en faisant des collections-hommage a Christoph Weickmann, Ulmer Museum, Ulm, Alemania / Germany

Beyond the Wall, Stiftung Brandenburger Tor, Max Liebermann Haus, Berlín, Alemania / Berlin, Germany

2006
Notations: Out of Words, Philadelphia Museum of Art, Filadelfia, EE.UU. / Philadelphia, U.S.A.

2005
Dieu-créateur dans la création / AC-DC Archiv des Museum Ludwig, Galerie Elisabeth Kaufmann, Zúrich, Suiza / Zurich, Switzerland

La Colonisation Belge en Afrique Noire, BOZAR, Bruselas, Bélgica / Brussels, Belgium

2004
In Bed, Toyota Municipal Museum of Art, Toyota, Japón / Japan

Dieu-créateur dans la création, Art Cologne, Galerie Elisabeth Kaufmann, Colonia, Alemania / Cologne, Germany

AC-DC Archiv des Museum Ludwig, Rheinschau, Colonia, Alemania / Cologne, Germany

2002
L'explorateur et les explorateurs devant l'histoire de l'exploration! - Le théâtre du monde!', Documenta 11, Kassel, Alemania / Germany

2001
The Short Century, Villa Stuck, Múnich, Alemania / Munich, Germany; Haus der Kulturen der Welt, Berlín, Alemania / Berlin, Germany; MCA, Chicago, EE.UU. / U.S.A.; P.S.1, Nueva York, EE.UU. / New York, U.S.A.

Ein Raum ist eine Welt, Kunsthalle, Zúrich, Suiza / Zurich, Switzerland

2000
ForwArt, Banque Bruxelles Lambert, Bruselas, Bélgica / Brussels, Belgium

Voilà. Le monde dans la tête, Musée d'art Moderne de la Ville de Paris, ARC, París, Francia / Paris, France

La ville, le jardin, la mémoire, Villa Médici, Roma, Italia / Rome, Italy

1999
Venise d'hier-Venise d'aujour d'hui (The Story of the Lion), instalación de un día en el Campo dell'Arsenale, 48ª Bienal de Venecia, Venecia, Italia / a one-day installation in the Campo dell'Arsenale, 48th Venice Biennial, Venice, Italy

La Route de l'art sur la Route de l'esclave, Artchipel, Scène nationale de la Basse-Terre, Guadalupe / Guadeloupe

1998
Roteiros, Roteiros, ...Roteiros, XXIV Bienal de São Paulo, São Paulo, Brasil / Brazil

The Philosophical Schools, 7ª Trienal de Stuttgart, Alemania / 7th Stuttgart Triennale, Stuttgart, Germany

La Route de l'art sur la Route de l'esclave, Museo de arte moderno, Santo Domingo, República Dominicana / Dominican Republic; Centre Culturel de Rencontre Fond Saint-Jacques, Sainte-Marie, Martinica / Martinique

1997
Georges Adéagbo and Honoré d'O, Kunsthalle FRI-ART, Friburgo, Suiza / Fribourg, Switzerland

Die anderen Modernen, Haus der Kulturen der Welt, Berlín, Alemania / Berlin, Germany

La Route de l'art sur la Route de l'esclave, SESC Pompeia, São Paulo, Brasil / Brazil

Les veilleurs du monde, Centre Culturel Français, Cotonú, Benín / Cotonou, Benin; Musée national d'arts d'Afrique et d'Océanie, París, Francia / Paris, France

Alternating Currents, 2ª Bienal de Johanesburgo, Johanesburgo, Sudáfrica / 2nd Johannesburg Biennial, Johannesburg, South Africa

1996
African Art towards the Year 2000, Round Tower, Copenhague, Dinamarca / Copenhagen, Demark

La renaissance, Galerie du jour Agnès b., París, Francia / Paris, France

1995
Dialog des Friedens, Palais des Nations, Ginebra, Suiza / Geneva, Switzerland

Big City, The Serpentine Gallery, Londres, Reino Unido / London, U.K.

African Artists and Aids, Centre Culturel Français, Cotonú, Benín / Cotonou, Benin; Bienal de Dakar / Dakar Biennial, Dakar, Senegal

1994
La Route de l'art sur la Route de l'esclave, Saline Royale, Arc-et-Senans, Francia / France

Colecciones / Collections

Toyota Municipal Museum of Art, Toyota, Japón / Japan
Museum Ludwig, Colonia, Alemania / Cologne, Germany
L.A. MOCA, Los Ángeles, EE.UU. / Los Angeles, U.S.A.
Galerie Elisabeth Kaufmann, Zúrich, Suiza / Zurich, Switzerland
Philadelphia Museum of Art, Filadelfia, EE.UU. / Philadelphia, U.S.A.
Ulmer Museum, Ulm, Alemania / Germany
Oslo National Museum of Art, Architecture and Design, Oslo, Noruega / Norway
MAK Viena / Vienna, Austria
MUSAC León, España / Spain

Premios / Awards

1999
Bienal de Venecia / Venice Biennial, premio della Giuria

Becas / Grants

2006/07
DAAD artists' program, Berlín, Alemania / Berlin, Germany

Jurados / Juries

2006
Miembro del jurado de las residencias Schlinder, MAK, Viena / Jury member for MAK Schindler residencies, Vienna, Austria

Editor
Octavio Zaya

Coordinación editorial / Editorial Coordination
Cynthia González García
Filomena Moscatelli

Corrección / Copyediting
Amittai Aviram
Charles Gute
María Virginia Jaua
Elisabet Lovagnini

Traducción / Translation
Dena Cowan
Pilar Lleó
Alison Sahmrock

Publicidad y oficina de prensa / Copywriting and Press Office
Silvia Palombi

Directora editorial internacional / International Editorial Director
Francesca Sorace

Promoción y Web / Promotion and Web
Elisa Legnani

Distribución / Distribution
Anna Visaggi

Administración / Administration
Grazia De Giosa

Depósito y Punto de venta / Warehouse and Outlet
Roberto Curiale

Portada / Cover
Detalle de la instalación *La misión y los misioneros*, 2011 / Detail of the installation *The Mission and the Missionaries*, 2011

Créditos fotográficos / Photo Credits
Stephan Köhler, cortesía / courtesy Archive Georges Adéagbo - jointadventures: pp. 16-27, 56
Vincent Everarts, cortesía / courtesy Archive Georges Adéagbo - jointadventures: p. 51
Kerstin Schankweiler: p. 53
Otto Frick: pp. 55, 70, 77
Caleb Ficner: p. 69
Imagen MAS, cortesía / courtesy Archive Georges Adéagbo - jointadventures – MUSAC: portada / cover, pp. 79-80, 82-149
Para los manuscritos / for the manuscripts: Archive Georges Adéagbo

ISBN 978-88-8158-828-2
Printed in Italy

Edizioni Charta srl
Milano
via della Moscova, 27 - 20121
Tel. +39-026598098/026598200
Fax +39-026598577
e-mail: charta@chartaartbooks.it

www.chartaartbooks.it

Este libro ha sido publicado con motivo de la exposición *Georges Adéagbo. La misión y los misioneros*, presentada en MUSAC, Museo de Arte Contemporáneo de Castilla y León, León, España (29 de enero - 5 de junio, 2011).

This book is published on the occasion of the exhibition *Georges Adéagbo. The Mission and the Missionaries*, at MUSAC, Museo de Arte Contemporáneo de Castilla y León, León, Spain (January 29 - June 5, 2011).

AGRADECIMIENTOS / ACKNOWLEDGEMENTS

Octavio Zaya quisiera reconocer el trabajo, el asesoramiento y la colaboración de aquellos sin los cuales la exposición *Georges Adéagbo. La misión y los misioneros*, así como este libro que se publica para la ocasión, no habrían sido posibles. Primero y por encima de todo, me gustaría agradecer al artista y a su estudio, particularmente a Stephan Köhler, que facilitaron cada aspecto de este proyecto. Al MUSAC, especialmente a su Director, Agustín Pérez Rubio, y a la Coordinadora de la exposición, Cynthia González García, debo reconocerles su apoyo y dedicación. Desde luego, no puedo dejar de mencionar la generosidad de Fritelli Arte Contemporanea, que cedió obras para la muestra. También quiero expresar mi gratitud a Kerstin Schankweiler por su ensayo, y a todos aquellos que contribuyeron en la realización de la exposición y de este libro.

Octavio Zaya would like to acknowledge the work, advice, and collaboration of those without whom the exhibition *Georges Adéagbo. The Mission and the Missionaries*, as well as this book published for the occasion, would not have been possible. First and foremost, I would like to thank the artist and his studio, particularly Stephan Köhler, who has facilitated every aspect of this project. To MUSAC, and particularly its director, Agustín Pérez Rubio, and the coordinator of the exhibition, Cynthia González García, I must acknowledge their constant support and dedication. Of course I cannot neglect to mention the generosity of Fritelli Arte Contemporanea, which loaned several works for the show. I also wish to express my gratitude to writer Kerstin Schankweiler for her essay, and to all those who contributed to the making of the exhibition and this book.

JUNTA DE CASTILLA Y LEÓN
CONSEJERÍA DE CULTURA Y TURISMO

Consejera / Councillor
Dª Alicia García Rodríguez

Secretario General / General Secretary
D. José Rodríguez Sanz-Pastor

Director General de Políticas Culturales / General Director of Cultural Affairs
D. José Ramón Alonso Peña

Director General de la Fundación Siglo para las Artes de Castilla y León / General Director of Fundación Siglo para las Artes en Castilla y León
D. José Luis Fernández de Dios

MUSAC. Museo de Arte Contemporáneo de Castilla y León

Director / Director
Agustín Pérez Rubio

Comisario Externo / Curator at Large
Octavio Zaya

Coordinadora General / General Coordinator
Kristine Guzmán

Coordinación / Coordination
Eneas Bernal
Cynthia González García
Helena López Camacho
Carlos Ordás

Administración / Administration
Adriana Aguado García

Registro / Registrar
Koré Escobar
Y servicios profesionales a cargo de / And professional services by
Dalser, S.A.

Restauración / Restoration
Servicios profesionales a cargo de / Professional services by
Albayalde S.L.

Comunicación y Prensa / Communication and Press
Servicios profesionales a cargo de / Professional services by
Izaskun Sebastián y / and Ruth Fernández

Biblioteca-Centro de Documentación / Library and Documentation Center
Araceli Corbo
Y servicios profesionales a cargo de / And professional services by
Dalser, S.A.

Educación y Acción Cultural / Education and Cultural Action
Belén Sola

Mantenimiento / Maintenance
Mariano Javier Román
Y servicios profesionales a cargo de / And professional services by
Elecnor S.A.

Servicios Auxiliares / Supporting Services
A cargo de / by
DALSER S.L.

Comité asesor / Advisory Committee
D. Agustín Pérez Rubio
Dña. María Inés Rodríguez
D. Octavio Zaya
Dña. Estrella de Diego
D. José Guirao Cabrera
D. Javier Hernando
D. Víctor del Río

Exposición / Exhibition

Comisario / Curator
Octavio Zaya

Coordinación general / General coordination
Cynthia González García

Comunicación y Prensa / Communication and Press
Servicios profesionales a cargo de / Professional services by
Izaskun Sebastián y / and Paula Álvarez

Registro / Registrar
Koré Escobar
Y servicios profesionales a cargo de / And professional services by
Dalser, S.A.

Restauración / Restoration
Servicios profesionales a cargo de / Professional services by
Albayalde S.L.

Montaje / Installation
Artefacto, S.L.

Transporte / Shipping
Crisóstomo transportes

Seguros / Insurance
Aón Gil y Carvajal

En colaboración con / In collaboration with
Stephan Köhler

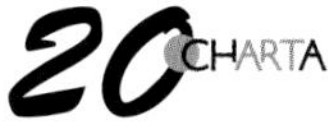

To find out more about Charta,
and to learn about our most recent
publications, visit

www.chartaartbooks.it

Printed in April 2012
by Bianca & Volta, Truccazzano (MI)
for Edizioni Charta